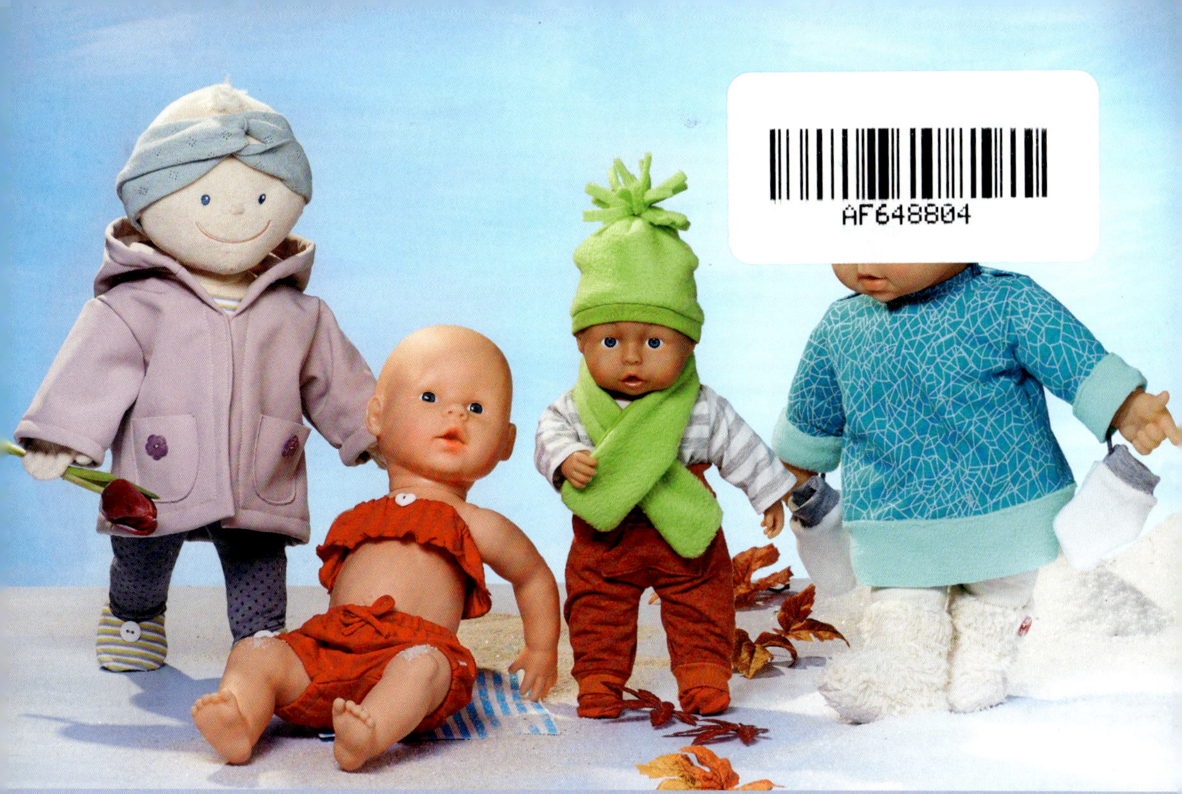

Mit den süßen Outfits in diesem Buch können die kleinen Puppeneltern ihre Puppen das ganze Jahr über einkleiden. Für jede Jahreszeit ist das Passende dabei: das kurze Sommerkleid, ein Plüschmantel für den Winter oder eine gemütliche Strumpfhose für kühlere Herbsttage. Alle Teile können ganz nach Geschmack und Idee der Puppeneltern ausgesucht werden. Ob alles Ton in Ton kombinierbar sein soll oder freche Farbkontraste gesetzt werden – es sind viele verschiedene individuelle Designs möglich!

Viele Modelle lassen sich mit kleineren Stoffstücken oder Teilen aus der Restekiste herstellen. So machen Sie ihren Kindern eine große Freude und können die Einheitskleidung aus dem Supermarkt links liegen lassen.

Bei den im Buch abgebildeten Puppen handelt es sich um die „First Words Baby“ von Bayer Design (33 cm, Größe XS), „Krümel“ von Jako-o (43 cm, trägt Größe S), die „New Born Baby“ von Simba (43 cm, ebenfalls Größe S), sowie die „Hello Baby“ von Bayer Design (46 cm, Größe M). Natürlich passen die Puppenkleider aber auch den meisten Puppen anderer Hersteller, die im Handel angeboten werden. Beachten Sie hierzu die Informationen unter „Größe finden“ auf der vorderen Klappe.

Viel Spaß beim Gestalten der Outfits!

Stirnband

rundum gewärmt

GRÖSSE

XS/S/M

Die Angaben für Größe XS stehen vor dem Schrägstrich, die Angaben nach dem Schrägstrich gelten sowohl für Größe S als auch für Größe M.

MATERIAL
DOPPELT GELEGTES STIRNBAND

- Jersey, 15 cm x 35 cm/20 cm x 45 cm
- farblich passendes Nähgarn

STIRNBAND MIT KNOPF

- Jersey, 10 cm x 35 cm/15 cm x 45 cm
- 1 Knopf, ø 10 mm
- farblich passendes Nähgarn

ZUSCHNITT
DOPPELT GELEGTES STIRNBAND

- XS: 2 Streifen à 7 cm x (Umfang des Kopfes + 2 cm Nahtzugabe)
- S, M: 2 Streifen à 8 cm x (Umfang des Kopfes + 2 cm Nahtzugabe)

STIRNBAND MIT KNOPF

- XS: 1 Streifen à 8 cm x (Umfang des Kopfes + 2 cm Nahtzugabe)
- S, M: 1 Streifen à 10 cm x (Umfang des Kopfes + 2 cm Nahtzugabe)

NAHTZUGABEN

- In den Zuschnittangaben ist 1 cm Nahtzugabe enthalten.

Doppelt gelegtes Stirnband

Foto siehe Seite 8

1 Beide Streifen mittig rechts auf rechts der Länge nach falten, sodass die Längskanten aufeinanderliegen und feststecken. Die Streifen an den Längskanten zusammennähen. Anschließend die Schläuche mithilfe einer Sicherheitsnadel wenden. Dafür eine Sicherheitsnadel an einem Ende eines Schlauchs an der Nahtzugabe befestigen und durch den Tunnel schieben, dabei den Stoff mitziehen und so wenden.

2 Einen Schlauch mittig falten, sodass er doppelt liegt und eine Schlaufe entsteht. Den anderen Schlauch durch die Schlaufe ziehen und ebenfalls mittig falten.

3 Die beiden Enden des ersten Schlauches auf die Enden des zweiten Schlauches legen, die offenen Kanten der vier Schlauchenden übereinanderstecken und zusammennähen.

Mein Tipp für Sie

Cleveres Design Für das doppelt gelegte Stirnband können auch zwei verschiedene Stofffarben oder -muster gewählt werden.

Stirnband mit Knopf

1 Den Streifen mittig rechts auf rechts der Länge nach falten, sodass die Längskanten aufeinanderliegen, und feststecken. Die Stofflagen an der Längskante zusammennähen, dabei die ersten und letzten 4 cm offen lassen.

2 Anschließend den Schlauch mithilfe einer Sicherheitsnadel wenden. Dafür eine Sicherheitsnadel an einem Ende des Schlauchs an der Nahtzugabe befestigen und durch den Tunnel schieben, dabei den Stoff mitziehen und so wenden.

3 Den Schlauch zu einem Ring legen und die kurzen Seiten rechts auf rechts stecken. Die kurzen Streifenenden zusammennähen.

4 Anschließend die Nahtzugaben an den noch offenen Kanten nach innen schlagen und mit Matratzenstichen zusammennähen.

5 In der vorderen Mitte des Stirnbandes den Stoff etwas zusammendrücken und mit Handstichen fixieren. Anschließend den Knopf mittig annähen.

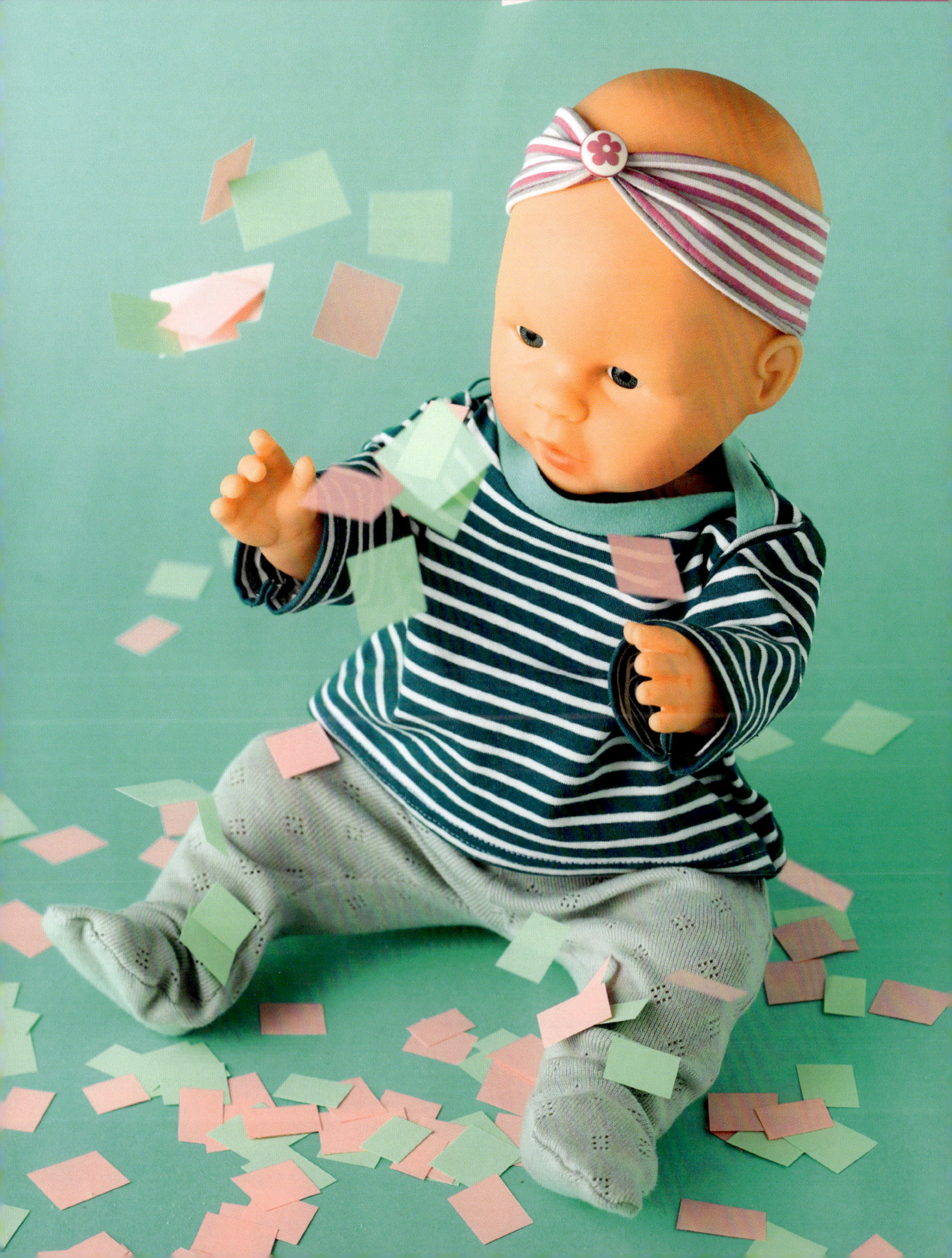

Schlaghose mit Knie-Patches

ein Gute-Laune-Mix

GRÖSSE

XS/S/M

Die Angaben für Größe XS stehen vor dem Schrägstrich, die Angaben nach dem Schrägstrich gelten sowohl für Größe S als auch für Größe M.

MATERIAL

- Jersey 1, 25 cm x 45 cm/30 cm x 60 cm
- Jersey 2, 8 cm x 12 cm
- Vliesofix, 8 cm x 12 cm
- Gummilitze, 7 mm breit, 35 cm/40 cm lang
- farblich passendes Nähgarn

ZUSCHNITT

- Jersey 1
  1x das vordere Hosenteil in doppelter Stofflage
  1x das rückwärtige Hosenteil in doppelter Stofflage
- Gummilitze
  90 % des Bauchumfangs + 2 cm Nahtzugabe

NAHTZUGABEN

- Alle Teile mit 0,5-1 cm Nahtzugabe zuschneiden.
- An den Hosenbeinsäumen 1 cm zugeben.

SCHNITTMUSTERBOGEN A

1 Die Vorlage für die Patches auf die Trägerpapier-Seite vom Vliesofix übertragen. Dann das Vliesofix auf die linke Seite des Jerseystoffs 2 bügeln. Anschließend die Patches ausschneiden und das Trägerpapier abziehen. Die Patches wie im Schnittmuster eingezeichnet in Kniehöhe links auf rechts auf die vorderen Hosenteile bügeln. Mit geraden Stichen oder kleinen Zickzackstichen (1,5 mm lang, 2 mm breit) rund um die Patches nähen, um sie zu fixieren.

2 Die Hosenbeinsäume 1 cm breit nach links einschlagen und bügeln und mit einem Jersey- oder Zierstich annähen.

3 Jeweils ein vorderes und rückwärtiges Hosenteil an den Seiten- und Innenbeinkanten rechts auf rechts bündig aufeinanderstecken. Die Seiten- und Innenbeinnähte jeweils schließen.

4 Ein Hosenbein wenden, rechts auf rechts in das zweite Hosenbein stecken und die Schrittkanten bündig legen und feststecken. Die vordere und rückwärtige Schrittnaht mit einer durchgehenden Naht schließen.

5 Die obere Kante 1,5 cm breit nach links umbügeln. Anschließend mit 1 cm Abstand zur oberen Kante festnähen, dabei in der rückwärtigen Hosenmitte eine 3 cm lange Öffnung lassen. Die Gummilitze mithilfe einer Sicherheitsnadel durch den Tunnel ziehen. Die Gummibandenden 2 cm überlappend miteinander vernähen und die Öffnung schließen.

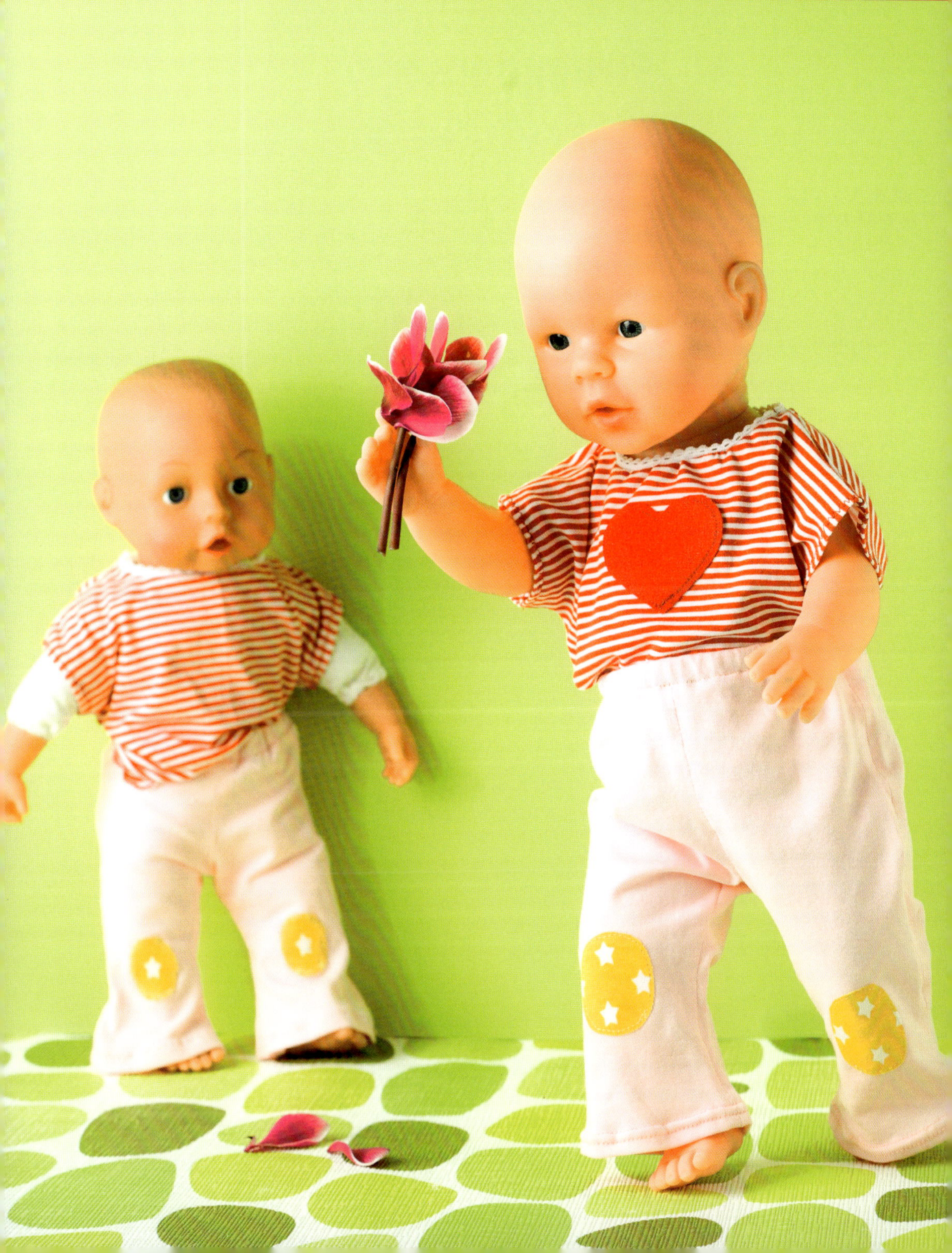

Strumpfhose

nie wieder kalte Beine

GRÖSSE
XS/S/M

Die Angaben für Größe XS stehen vor dem Schrägstrich, die Angaben nach dem Schrägstrich gelten sowohl für Größe S als auch für Größe M.

MATERIAL

- Jersey, 30 cm x 45 cm/35 cm x 55 cm
- Gummilitze, 7 mm breit, 35 cm/40 cm lang
- farblich passendes Nähgarn

ZUSCHNITT

- Jersey
  1x das vordere Strumpfhosenteil in doppelter Stofflage
  1x das rückwärtige Strumpfhosenteil in doppelter Stofflage
  1x das Fußteil in doppelter Stofflage
- Gummilitze
  90 % des Bauchumfangs
  + 2 cm Nahtzugabe

NAHTZUGABEN

- Alle Teile mit 0,5-1 cm Nahtzugabe zuschneiden.

SCHNITTMUSTERBOGEN A

1 Zuerst je ein Fußteil rechts auf rechts, entsprechend den Markierungen, an ein vorderes Strumpfhosenteil stecken und annähen.

2 Die vorderen Strumpfhosenteile rechts auf rechts an der Schrittkante bündig legen und feststecken. Die vordere Schrittnaht schließen.

3 Die rückwärtigen Strumpfhosenteile rechts auf rechts an der Schrittkante bündig legen und feststecken. Die rückwärtige Schrittnaht ebenfalls schließen.

4 Die zusammengenähten vorderen und rückwärtigen Strumpfhosenteile auseinanderklappen und dann beide Teile rechts auf rechts aufeinanderlegen. Die Seitenkanten, den Fußbereich und die inneren Beinkanten bündig stecken. Die Teile – bis auf die obere Kante – rundherum zusammennähen.

5 Die obere Kante 1,5 cm breit nach links umbügeln. Anschließend mit 1 cm Abstand zur oberen Kante festnähen, dabei in der rückwärtigen Hosenmitte eine 3 cm lange Öffnung lassen. Die Gummilitze mithilfe einer Sicherheitsnadel durch den Tunnel ziehen. Die Gummibandenden 2 cm überlappend miteinander vernähen und die Öffnung von Hand schließen.

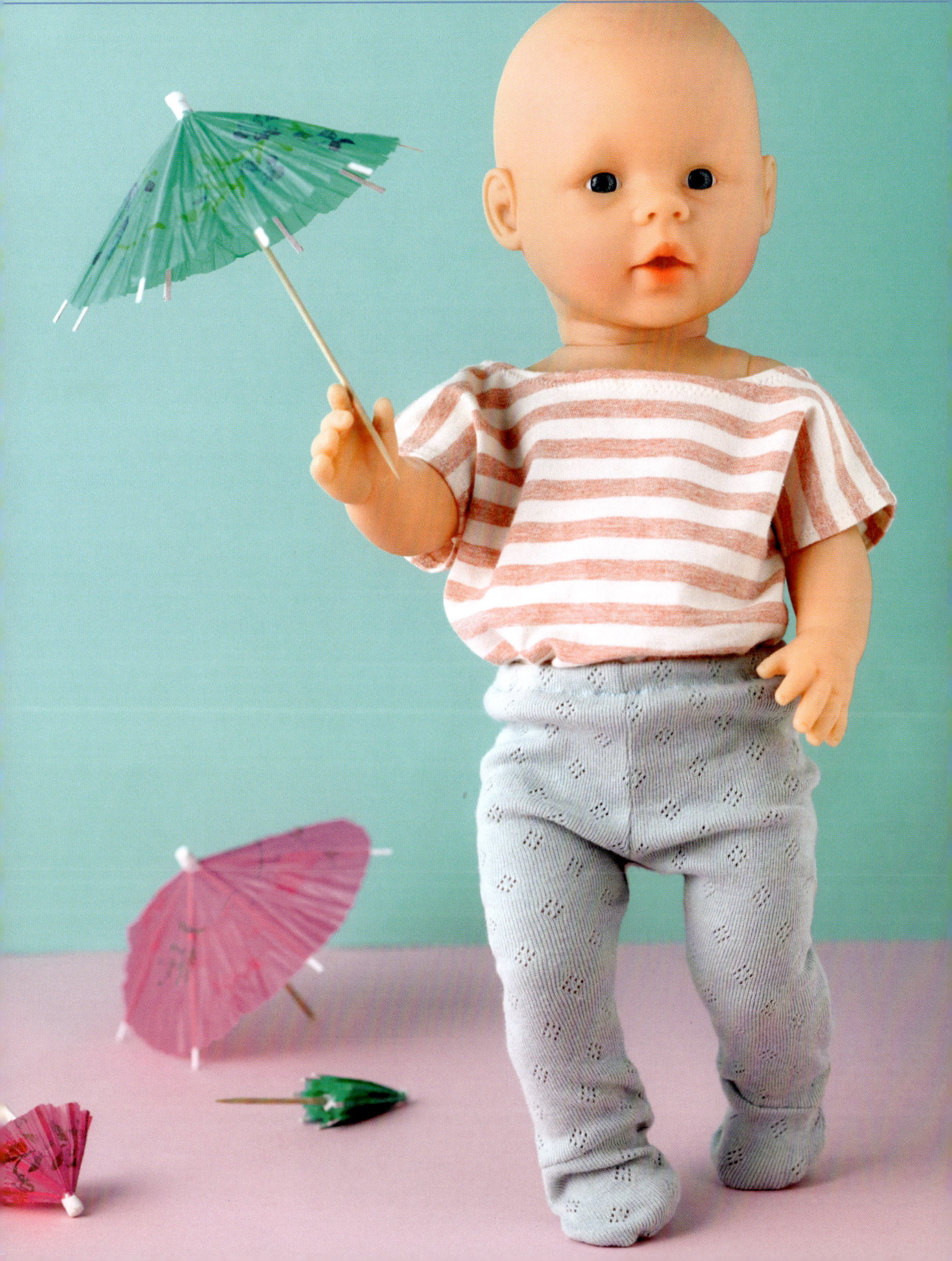

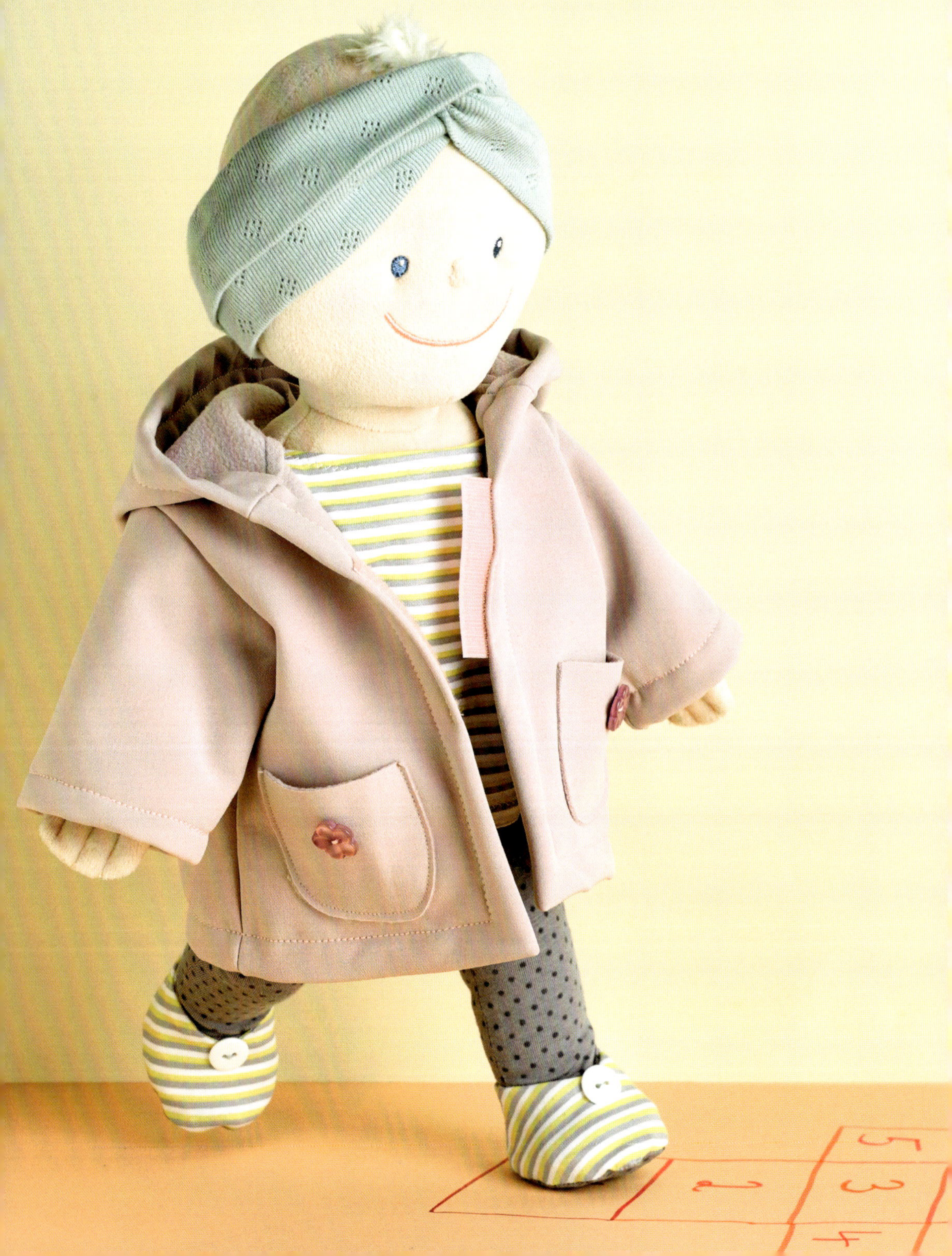

Softshell-Jacke

bei jedem Wetter passend angezogen

GRÖSSE

XS/S + M

Die Angaben für Größe XS stehen vor dem Schrägstrich, für Größe S + M nach dem Schrägstrich.

MATERIAL

- Softshell, 20 cm x 140 cm/ 40 cm x 140 cm
- Klettband, 1,5 cm breit, 4 cm/ 6 cm lang
- 2 Zier-Knöpfe, ø 10 mm/15 mm
- farblich passendes Nähgarn

ZUSCHNITT

- 1x das Vorderteil in doppelter Stofflage
- 1x das Rückenteil im Stoffbruch
- 1x die Kapuze in doppelter Stofflage
- 1x den Ärmel in doppelter Stofflage
- 1x die Tasche in doppelter Stofflage

NAHTZUGABEN

- Alle Jackenteile mit 0,5-1 cm Nahtzugabe zuschneiden.
- An den vorderen Kanten des Vorderteils und der Kapuze 1,5 cm und am Jacken- und Ärmelsaum 1 cm/1,5 cm zugeben.
- Die Taschen ohne Nahtzugabe zuschneiden.

SCHNITTMUSTER-BOGEN A

1 Die Kapuzenteile rechts auf rechts stecken und an der hinteren Kante zusammennähen, die vordere und untere Kante offenlassen.

2 Die Vorderteile rechts auf rechts auf das Rückenteil legen und an den Schultern bündig stecken. Dann die Schulternähte schließen.

3 Die Kapuze rechts auf rechts an den Halsausschnitt stecken und festnähen.

4 Die Ärmel jeweils rechts auf rechts in die Armausschnitte einpassen, feststecken und einnähen. Jetzt die Jacke anprobieren und die Ärmellänge überprüfen, die Ärmel eventuell kürzen. Die Ärmelsäume 1 cm/1,5 cm nach links schlagen und knappkantig festnähen.

5 Die Ärmel der Länge nach rechts auf rechts falten, Vorder- und Rückenteil ebenfalls rechts auf rechts legen, sodass die Ärmel- und Seitenkanten jeweils bündig aufeinanderliegen. Die Ärmel- und Seitennähte vom Ärmelsaum bis zum Jacken-Saum jeweils mit einer durchgehenden Naht schließen.

6 Den Saum nach links schlagen und feststecken. Dann die Umschläge an Kapuze und vorderer Kante nach links schlagen und feststecken.

7 Das flauschige Klettband mit 2,5 cm/3,5 cm Abstand zur oberen Kante des Vorderteils unter einer vorderen Kante feststecken. Dabei zeigt die flauschige Seite nach unten und das Klettband liegt dicht an der vorderen Kante. Das hakige Klettband mit der hakigen Seite nach oben zeigend im gleichen Abstand zur oberen Kante unter die andere vordere Kante stecken. Dabei liegt das Klettband 5 mm breit unter der Jacke und guckt 1 cm breit unter der Vorderkante der Jacke hervor. Die Klettbänder knappkantig von der rechten Jackenseite aus festnähen.

8 Die Umschläge an der Kapuze, an den vorderen Kanten und am Saum knappkantig festnähen, das flauschige Klettband dabei nochmal mitfassen. Die Umschläge an den Ecken von vorderer Kante und Saum jeweils mit Handstichen fixieren, damit sie nicht abstehen.

9 Jetzt die Knöpfe mittig auf die rechten Taschenseiten nähen.

10 Die Taschen entsprechend den Markierungen im Schnittmuster aufstecken, dabei die Tasche nicht flach feststecken, sondern die Seitenkanten etwas zur Taschenmitte schieben, damit die Tasche „tütet". Die Taschen an den Seiten und am Boden knappkantig mit geraden Stichen festnähen.

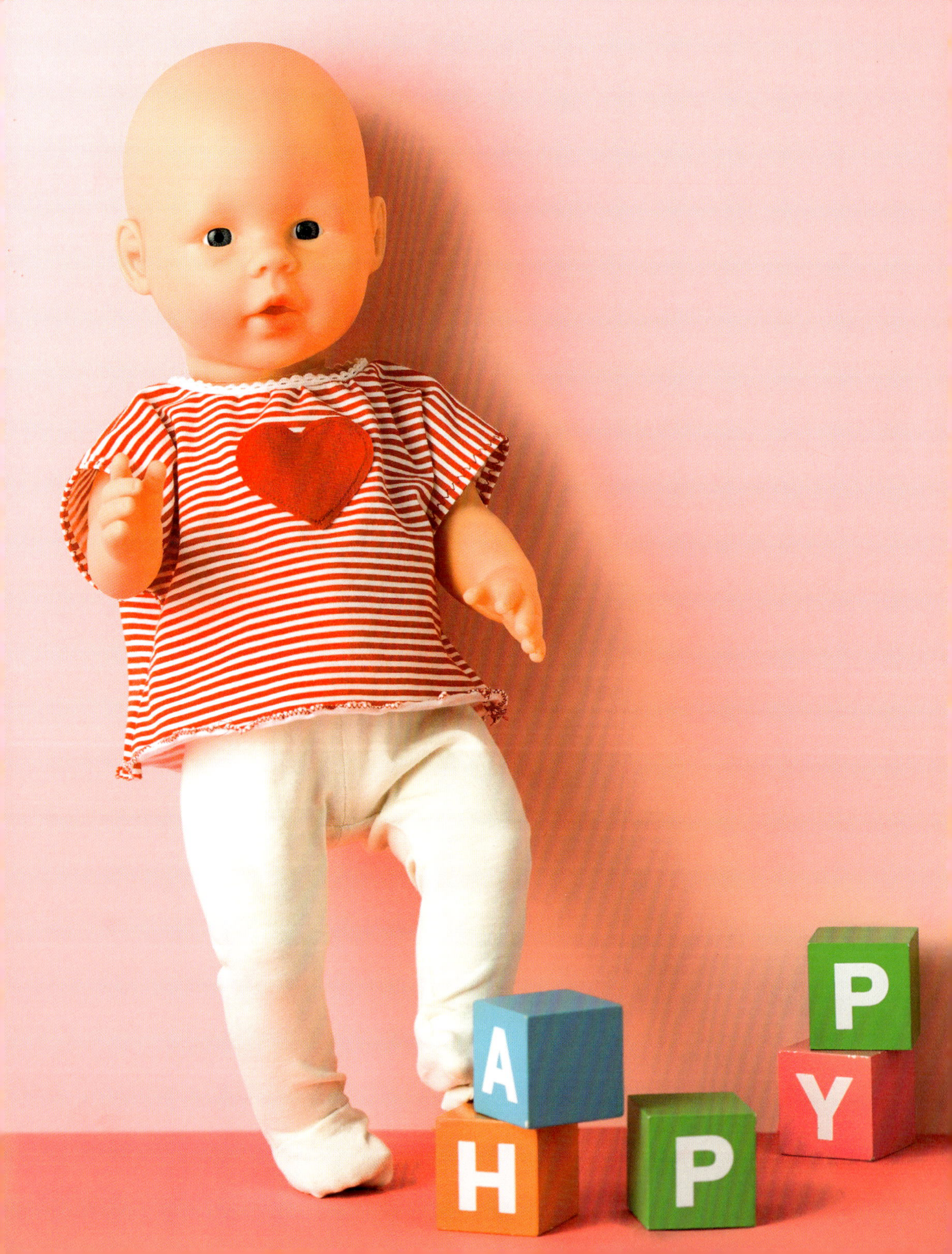
H
A
P
Y
P

T-Shirt mit angeschnittenen Ärmeln

für die ersten Frühlingstage

GRÖSSE

XS/S + M

Die Angaben für Größe XS stehen vor dem Schrägstrich, für Größe S + M nach dem Schrägstrich.

MATERIAL

- Jersey 1, 20 cm x 50 cm/20 cm x 65 cm
- Jersey 2, 8 cm x 8 cm
- Vliesofix, 8 cm x 8 cm
- für einen Halsausschnitt mit Spitze: Elastik-Abschlussspitze, 10 mm breit, 20 cm/25 cm lang
- farblich passendes Nähgarn

ZUSCHNITT

- Jersey 1
  1x das Vorderteil im Stoffbruch
  1x das Rückenteil im Stoffbruch
- Gummilitze
  16 cm/20 cm + Nahtzugabe

NAHTZUGABEN

- Alle Teile mit 0,5-1 cm Nahtzugabe zuschneiden.
- Am T-Shirt-Saum für einen umgebügelten Saum 1 cm zugeben, für einen gekräuselten Saum wird keine Zugabe benötigt.

SCHNITTMUSTERBOGEN A

1 Das Herz auf die Papierseite vom Vliesofix aufzeichnen. Dann das Vliesofix auf die linke Seite des Jerseystoffs 2 bügeln. Anschließend das Herz ausschneiden und das Trägerpapier abziehen. Die Applikation in der Breite mittig und ca. 3 cm unterhalb des Ausschnitts links auf rechts auf die Vorderseite bügeln und mit kleinen geraden Stichen festnähen.

2 Vorder- und Rückenteil des T-Shirts an den Schulterkanten bündig rechts auf rechts legen und die Schulternähte schließen.

3 Die Ärmelsäume 1 cm breit nach links schlagen und mit elastischen Stichen festnähen.

4 Vorder- und Rückenteil rechts auf rechts legen, sodass die Ärmel- und Seitenkanten jeweils bündig aufeinanderliegen. Die Ärmel- und Seitennähte vom Ärmelsaum bis zum T-Shirt-Saum mit einer durchgehenden Naht schließen.

5 Für einen gekräuselten Saum die untere Kante des Vorderteils mit kurzen Zickzackstichen (4 mm breit, 1 mm lang) versäubern, dabei den Stoff etwas dehnen, sodass er sich nach dem Nähen kräuselt. Für einen umgebügelten T-Shirt-Saum die untere Kante 1 cm breit nach links bügeln und mit elastischen Stichen festnähen.

6 Die Elastik-Abschlussspitze zum Ring legen und an den kurzen Seiten rechts auf rechts zusammennähen. Die Nahtzugaben auseinanderlegen.
Die Spitze leicht gedehnt rechts auf rechts an den Halsausschnitt stecken und festnähen. Zum Schluss die Spitze nach oben falten und die Nahtzugaben in das T-Shirt bügeln.

7 Für einen Halsabschluss ohne Spitze die Nahtzugaben am Halsausschnitt einfach nach links umbügeln und mit elastischen Stichen festnähen.

Schuhe

zeigt her eure Füße ...

GRÖSSE

XS/S/M

Die Angaben für Größe XS stehen vor dem Schrägstrich, die Angaben nach dem Schrägstrich gelten sowohl für Größe S als auch für Größe M.

Um die passende Größe zu ermitteln, den Fuß der Puppe auf die verschiedenen Sohlenteile stellen.

MATERIAL

- Jersey 1, 8 cm x 70 cm/ 12 cm x 80 cm
- Jersey 2, 8 cm x 14 cm/ 12 cm x 16 cm
- farblich passendes Nähgarn

ZUSCHNITT

- Jersey 1
  2x das Oberteil in doppelter Stofflage für die Außenschuhe und das Futter
  1x die Sohle in doppelter Stofflage für das Futter
- Jersey 2
  1x die Sohle in doppelter Stofflage für die Außenschuhe

NAHTZUGABEN

- Alle Teile mit 0,5 cm Nahtzugabe zuschneiden.

SCHNITTMUSTERBOGEN A

Größe XS

1 Zuerst alle vier Oberteile mittig rechts auf rechts falten und jeweils in der rückwärtigen Mitte zusammennähen.

2 Jeweils ein Oberteil rechts auf rechts an ein Sohlenteil stecken, dabei darauf achten, dass die vordere und rückwärtige Mitte jeweils aufeinandertreffen. Die Stofflagen rundherum zusammennähen.

3 Die Außenschuhe auf rechts wenden. Jeweils einen Futterschuh links auf links in einen Außenschuh schieben. Die Nahtzugaben an den offenen Kanten nach innen schieben und die offenen Kanten mit Matratzenstichen zusammennähen.

Größe S und M

1 Zuerst alle vier Oberteile mittig rechts auf rechts falten und jeweils in der rückwärtigen Mitte zusammennähen.

2 Jeweils ein Oberteil rechts auf rechts an ein Sohlenteil stecken, dabei darauf achten, dass die vordere und rückwärtige Mitte jeweils aufeinandertreffen. Die Stofflagen rundherum zusammennähen. Bei den Futterschuhen jeweils an einer Seite die Wendeöffnung offen lassen.

3 Die Futterschuhe auf rechts wenden und rechts auf rechts in die Außenschuhe schieben, sodass die oberen offenen Kanten bündig aufeinanderliegen. Dann die offenen Kanten rundherum schließen.

4 Die Schuhe durch die Wendeöffnung wenden. Die Nahtzugaben an den Wendeöffnungen nach innen schieben und die Öffnungen mit Matratzenstichen schließen. Zuletzt die Futterschuhe in die Außenschuhe schieben.

Mein Tipp für Sie

Kuschelwarm Sie können die Schuhe auch für den Herbst oder Winter aus Fleece nähen. Dann müssen sie nicht gefüttert werden. Schneiden Sie die oberen Kanten der Oberteile dafür ohne Nahtzugabe zu und nähen Sie einfach je ein Oberteil und eine Sohle zusammen.

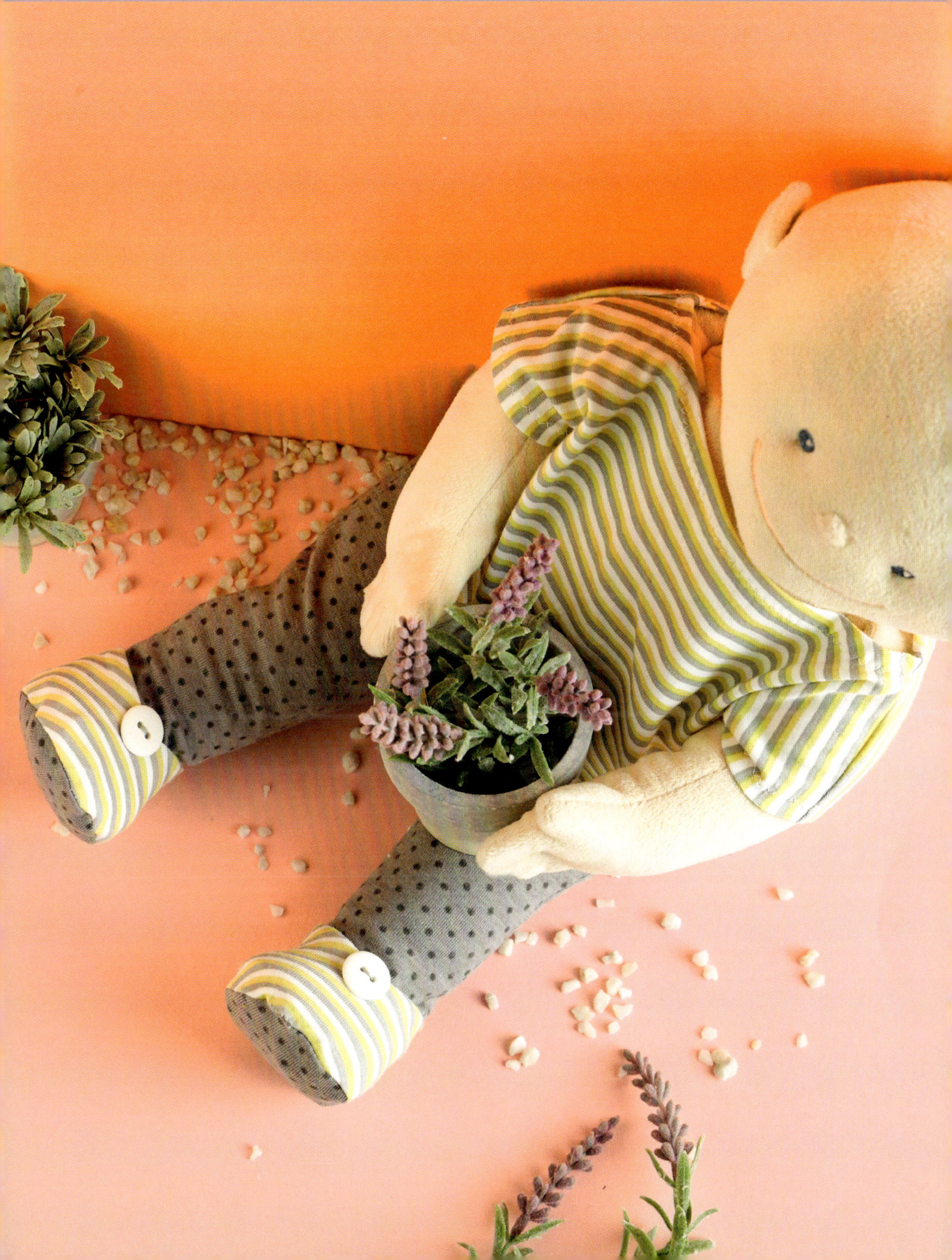

Rock

beschwingt in sonnige Zeiten

GRÖSSE
XS/S/M

Die Angaben für Größe XS stehen vor dem Schrägstrich, die Angaben nach dem Schrägstrich gelten sowohl für Größe S als auch für Größe M.

MATERIAL
- Jersey, 8 cm x 100 cm/10 cm x 140 cm
- Bündchenstoff, 6 cm x 30 cm/ 10 cm x 40 cm
- farblich passendes Nähgarn

ZUSCHNITT
- Jersey
  1x das obere Rockteil in doppelter Stofflage
  1x das untere Rockteil in doppelter Stofflage
- Bündchenstoff
  1x das Bündchen im Stoffbruch

NAHTZUGABEN
- Alle Teile mit 1 cm Nahtzugabe zuschneiden.
- Am Rocksaum 0,7 cm Nahtzugabe zugeben.

SCHNITTMUSTERBOGEN A

1 Die oberen Rockteile an den Seitenkanten rechts auf rechts bündig aufeinanderlegen und die Seitenkanten zusammennähen.

2 Das Bündchen rechts auf rechts falten, sodass die kurzen Kanten bündig aufeinanderliegen. Die kurzen Seiten zusammennähen, um einen Bündchenring zu erhalten.

3 Den Bündchenring der Länge nach links auf links falten, sodass die Längskanten aufeinanderliegen, und mit den offenen Kanten leicht gedehnt rechts auf rechts an die Rockoberkante stecken. Dabei trifft die Bündchennaht auf die hintere Mitte oder eine Seitennaht des Rocks. Zur Orientierung eventuell am Rockteil und Bündchen jeweils mit Stecknadelmarkierungen die Weite in Viertel unterteilen. Beim Zusammenstecken von Rockteil und Bündchen treffen dann jeweils zwei Markierungsnadeln aufeinander.

4 Die unteren Rockteile an den kurzen Seitenkanten rechts auf rechts bündig aufeinanderlegen und die Seitenkanten zusammennähen.

5 Um die obere offene Kante des unteren Rockteils zu kräuseln, zwei Nähte knapp über und unter der geplanten Nahtlinie mit großen geraden Stichen nähen. Dabei etwa 5 mm Abstand zur offenen Kante und 5 mm Abstand zwischen den Nähten einhalten. Die Nahtenden nicht sichern und an beiden Enden ausreichend Faden stehen lassen. An den Unterfäden ziehen und so den Stoff zusammenschieben, bis die Weite der Unterkante des Rockoberteils erreicht ist (siehe auch „So wird's gemacht", Kräuseln mit Nähfäden). Dann die Fadenenden miteinander verknoten.

6 Das untere Rockteil mit der gekräuselten Kante rechts auf rechts bündig an die offene Kante des oberen Rockteiles stecken und festnähen. Die Kräuselfäden wieder entfernen, damit der Rock dehnbar bleibt.

7 Den Rocksaum 7 mm breit nach links schlagen und festnähen.

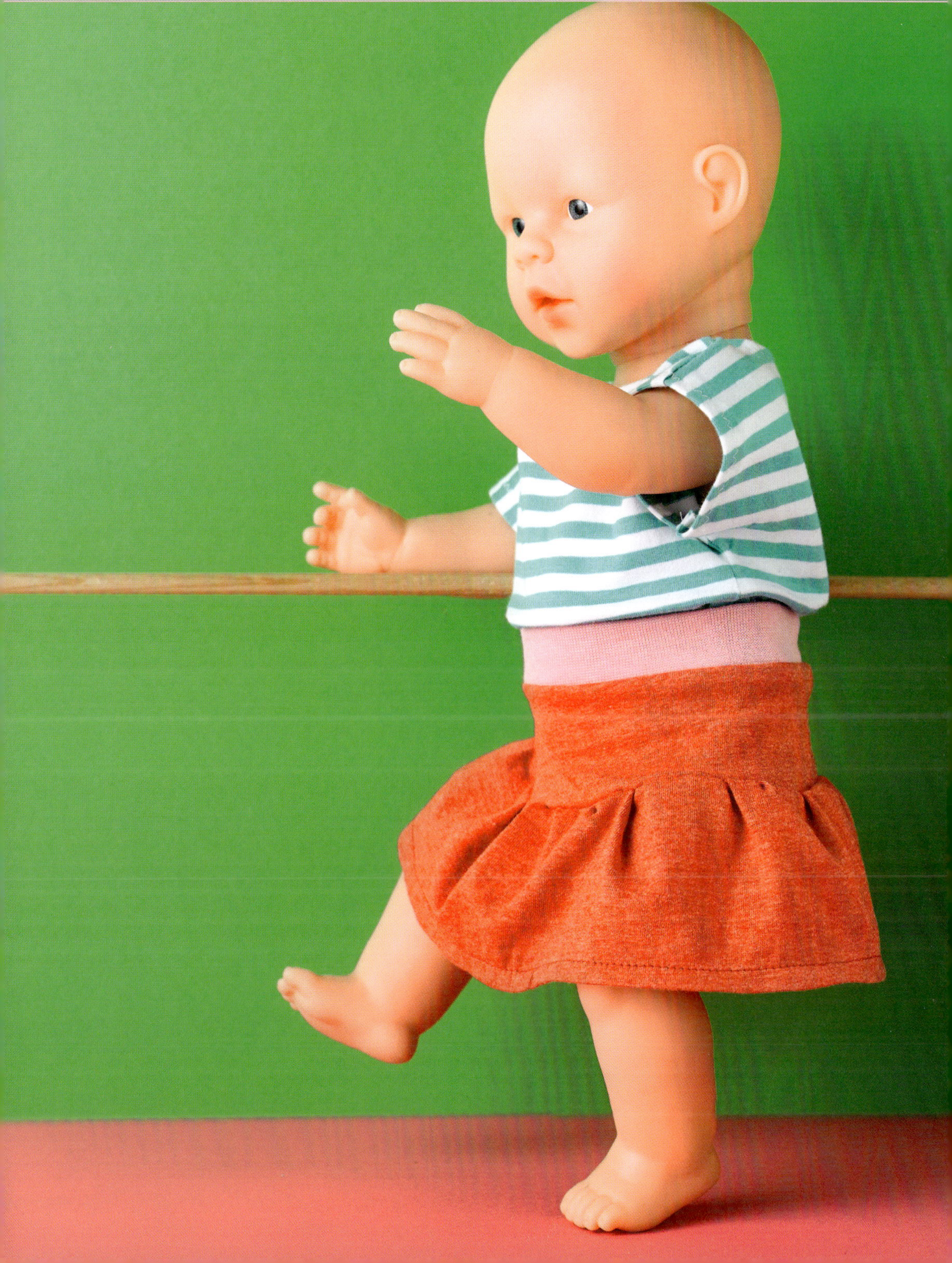

Bandeau-Oberteil

für heiße Sommertage

GRÖSSE
XS/S/M

Die Angaben für Größe XS stehen vor dem Schrägstrich, die Angaben nach dem Schrägstrich gelten sowohl für Größe S als auch für Größe M.

MATERIAL

- Jersey, 10 cm x 40 cm/ 15 cm x 50 cm
- Gummilitze, 7 mm breit, 15 cm/20 cm lang
- 1 Knopf, ø 10 mm
- farblich passendes Nähgarn

ZUSCHNITT

- Jersey
  1x das Vorderteil
  1x das Rückenteil
- Gummilitze
  ½ Brustumfang + Nahtzugabe

NAHTZUGABEN

- Beide Teile mit 0,5-1 cm Nahtzugabe zuschneiden.
- Den Saum des Vorderteils ohne Nahtzugabe schneiden.

SCHNITTMUSTERBOGEN A

1 Für den Saum des Vorderteils eine lange Kante mit kleinen Zickzackstichen (4 mm breit, 1 mm lang) versäubern, dabei den Stoff etwas dehnen, sodass er sich nach dem Nähen kringelt.

2 Die andere lange Kante des Vorderteils (= Oberkante) 1,5 cm nach links schlagen, bügeln und 1 cm breit absteppen. Die Gummilitze mithilfe einer Sicherheitsnadel durch den Tunnel ziehen, den Stoff dabei raffen. Die Enden der Gummilitze an den Nahtzugaben des Tunnels festnähen.

3 Das Rückenteil der Länge nach mittig rechts auf rechts falten, sodass die langen Kanten bündig aufeinanderliegen. Diese Kanten stecken und zusammennähen. Den Schlauch mithilfe einer Sicherheitsnadel wenden und bügeln.

4 Vorder- und Rückenteil an einer Seitenkante rechts auf rechts bündig aufeinanderlegen und zusammennähen. Anschließend das Bandeau anprobieren, um zu sehen, ob es eng genug sitzt, um nicht herunterzurutschen. Eventuell das Rückenteil etwas kürzen.

5 Vorder- und Rückenteil wieder rechts auf rechts legen, sodass die offenen Seitenkanten bündig aufeinanderliegen, und zusammennähen. Die Nahtzugaben an den Seitenkanten auseinanderbügeln.

6 Zuletzt den Knopf mittig an die obere Kante des Vorderteils nähen.

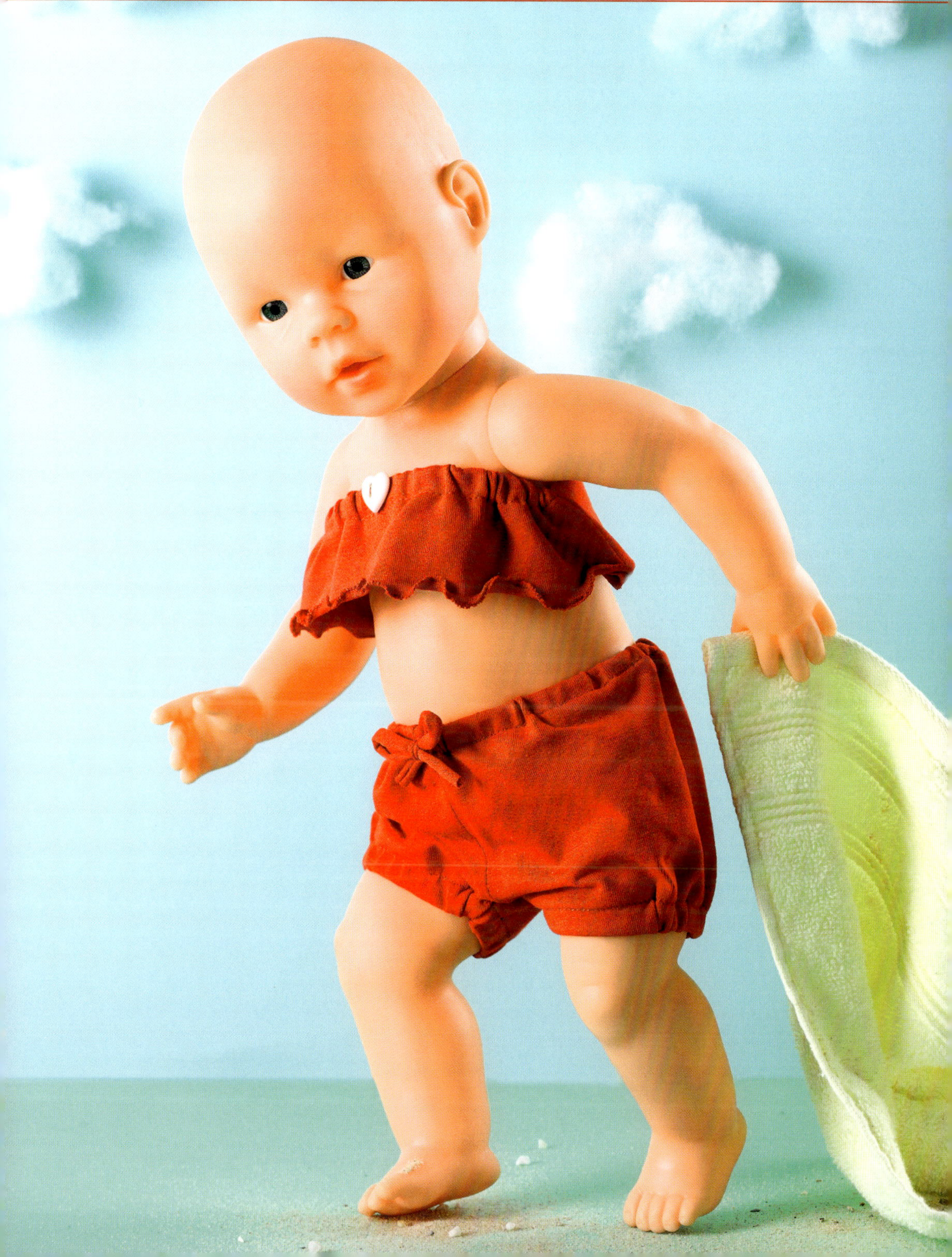

Sommerhose

ganz bestimmt sandkastentauglich

GRÖSSE

XS/S/M

Die Angaben für Größe XS stehen vor dem Schrägstrich, die Angaben nach dem Schrägstrich gelten sowohl für Größe S als auch für Größe M.

MATERIAL

- Jersey, 15 cm x 45 cm/20 cm x 60 cm
- Gummilitze, 7 mm breit, 80 cm/1 m
- farblich passendes Nähgarn

ZUSCHNITT

- Jersey
  1x das Hosenteil in doppelter Stofflage
- Gummlitze
  1 Stück: 90 % des Bauchumfangs + 2 cm Nahtzugabe
  2 Stücke: Oberschenkelumfang + Nahtzugabe

NAHTZUGABEN

- Die Hosenteile mit 0,5-1 cm Nahtzugabe zuschneiden.
- An der oberen Kante und an den Hosenbeinsäumen 1,5 cm Nahtzugabe zugeben.

SCHNITTMUSTERBOGEN A

1 Die Hosenteile rechts auf rechts aufeinanderstecken und die Schrittnähte in der vorderen und rückwärtigen Mitte schließen.

2 Die Hosenbeinsäume 1,5 cm breit nach links bügeln und 1 cm breit absteppen.

3 Die beiden kürzeren Gummilitzen mithilfe einer Sicherheitsnadel in die Tunnel an den Hosenbeinsäumen ziehen. Die Enden der Litzen jeweils mit geraden Stichen an den Nahtzugaben festnähen.

4 Die Hosenteile an den inneren Beinkanten rechts auf rechts bündig stecken und zusammennähen.

5 Die oberen Kanten 1,5 cm breit nach links umbügeln. Anschließend mit 1 cm Abstand zur oberen Kante festnähen, dabei in der rückwärtigen Hosenmitte eine 3 cm lange Öffnung lassen. Die Gummilitze mithilfe einer Sicherheitsnadel durch den Tunnel ziehen. Die Gummibandenden 2 cm überlappend miteinander vernähen. Die Öffnung von Hand schließen.

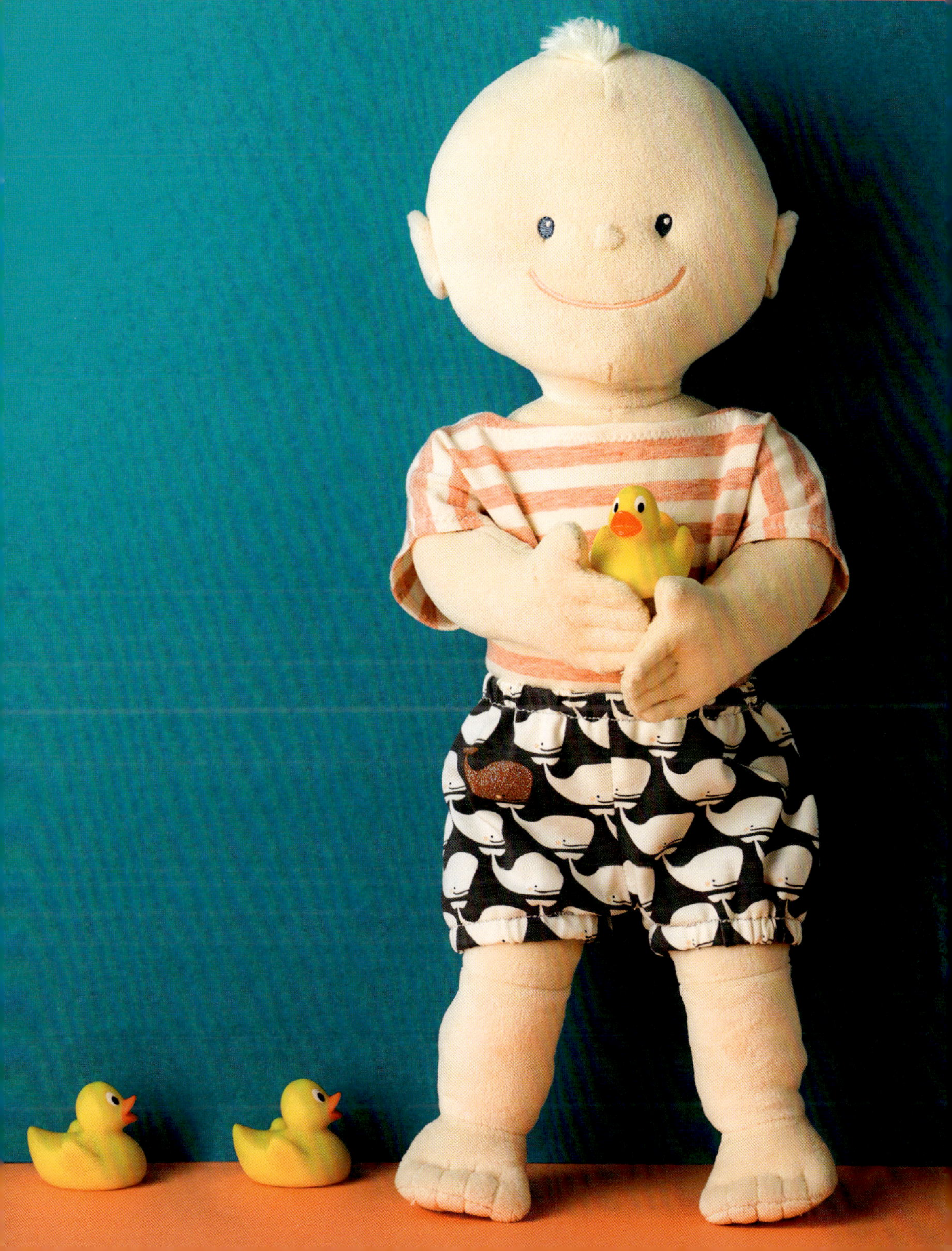

Latzkleid

Grundausstattung für fitte Mädels

GRÖSSE

XS/S + M

Die Angaben für Größe XS stehen vor dem Schrägstrich, für Größe S + M nach dem Schrägstrich.

MATERIAL

- Jersey, 20 cm x 65 cm/20 cm x 90 cm
- Gummilitze, 7 mm breit, 10 cm/15 cm lang
- farblich passendes Nähgarn

ZUSCHNITT

- Jersey
  1x das Vorderteil im Stoffbruch
  1x den Beleg im Stoffbruch
  1x das Rückenteil im Stoffbruch
  1x die Tasche in doppelter Stofflage
  2 Träger-Streifen à 4 cm x 20 cm/5 cm x 25 cm
- Gummilitze
  ½ Bauchumfang + Nahtzugabe

NAHTZUGABEN

- Alle Teile mit 0,5-1 cm Nahtzugabe zuschneiden.
- Am Saum 1 cm zugeben.
- Die Maße für die Träger enthalten bereits 0,5 cm Nahtzugabe.

SCHNITTMUSTERBOGEN A

1 Zuerst die Taschenteile rechts auf rechts legen und zusammennähen, die Wendeöffnung dabei auslassen. Die Nahtzugaben an den Ecken schräg bis dicht an die Naht abschneiden und an den Rundungen einknipsen. Die Tasche wenden und bügeln, dabei die Nahtzugaben im Bereich der Wendeöffnung nach innen schieben. Die Tasche entsprechend der Markierung im Schnittmuster auf die rechte Seite des Vorderteils stecken und an den Seiten und am Boden mit geraden Stichen festnähen.

2 Die Träger-Streifen längs rechts auf rechts falten und jeweils an den Längskanten zusammennähen. Die Träger mithilfe einer Sicherheitsnadel wenden, dafür die Sicherheitsnadel jeweils an einem Ende an der Nahtzugabe befestigen, durch den Tunnel schieben und so den Stoff mitziehen.

3 Das Vorderteil mit der rechten Seite nach oben auf die Arbeitsfläche legen. Die Träger jeweils mit einem kurzen Ende den Markierungen im Schnittmuster entsprechend feststecken, dabei liegen die Träger auf dem Vorderteil und die kurzen offenen Kanten liegen bündig an der Stoffkante.

4 Den Beleg rechts auf rechts bündig an die obere Kante des Vorderteils stecken und an der oberen Kante und den Armausschnitten festnähen. Die Träger dabei mitfassen. Die Nahtzugaben an den Ecken schräg bis dicht an die Naht zurückschneiden, an den Rundungen einknipsen. Das Vorderteil auf rechts wenden und im Bereich des Belegs bügeln.

5 Die obere Kante des Rückenteils an der Umbruchlinie nach links schlagen, feststecken und mit 1 cm Abstand zum Stoffbruch nähen. Die Gummilitze mithilfe einer Sicherheitsnadel durch den Tunnel ziehen, den Stoff dabei raffen. Die Enden der Litze an beiden Seitenkanten mit wenigen Maschinenstichen an den Nahtzugaben fixieren.

6 Das Rückenteil mit den Seitenkanten bündig rechts auf rechts auf das Vorderteil legen. Am oberen Ende der Seitennaht den Beleg um das Rückenteil schlagen, sodass das Rückenteil zwischen Beleg und Vorderteil liegt. Dann die Seitennähte schließen und den Rock wenden.

7 Das Kleid anprobieren und die Länge prüfen, eventuell kürzen. Den Rocksaum 1 cm breit nach links schlagen und mit geraden Stichen festnähen.

8 Die Träger über Kreuz rechts auf links an das Rückenteil stecken und die Länge überprüfen. Eventuell die Träger etwas kürzen. Anschließend die Träger knappkantig und mit 1 cm Abstnd zur oberen Kante festnähen.

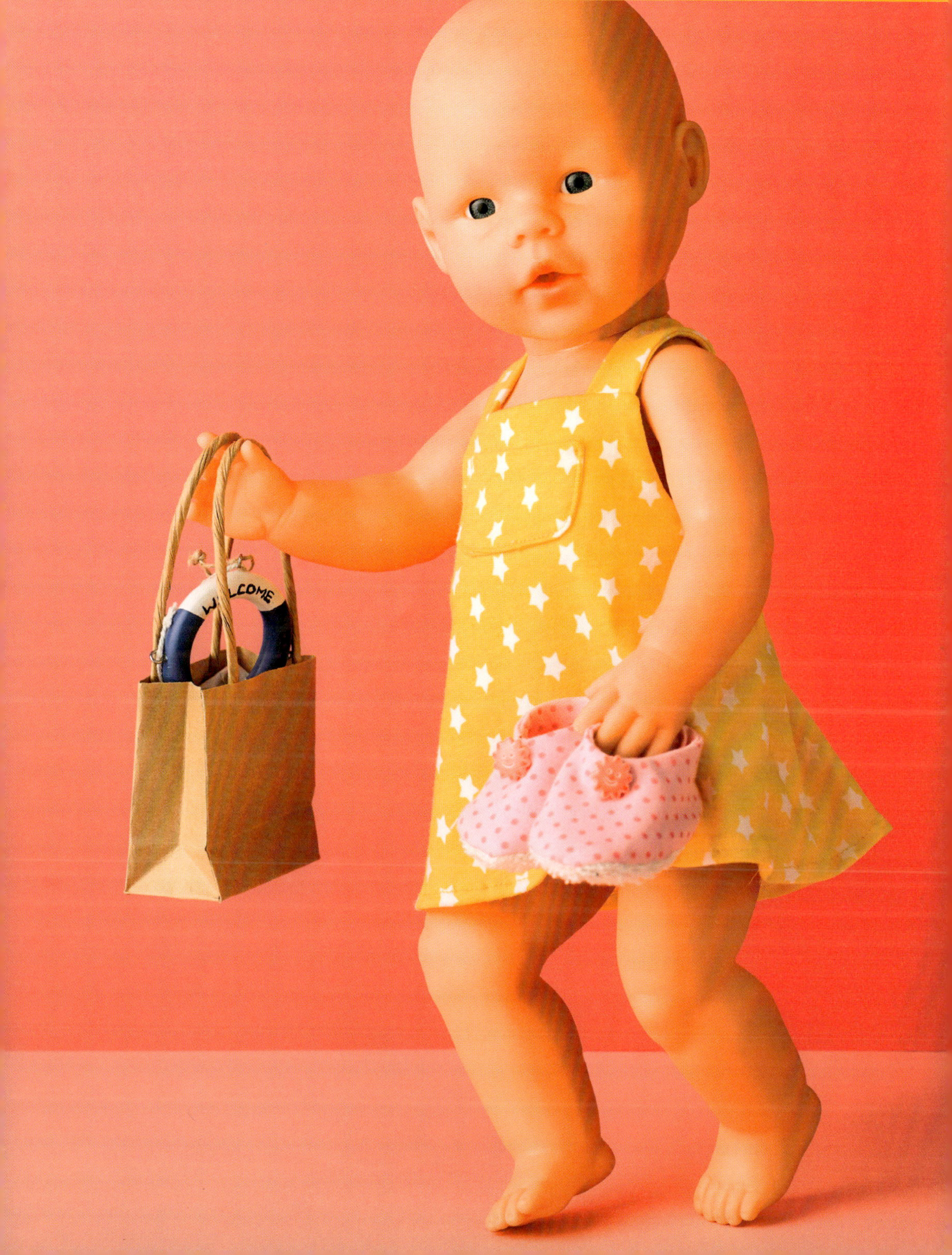
WELCOME

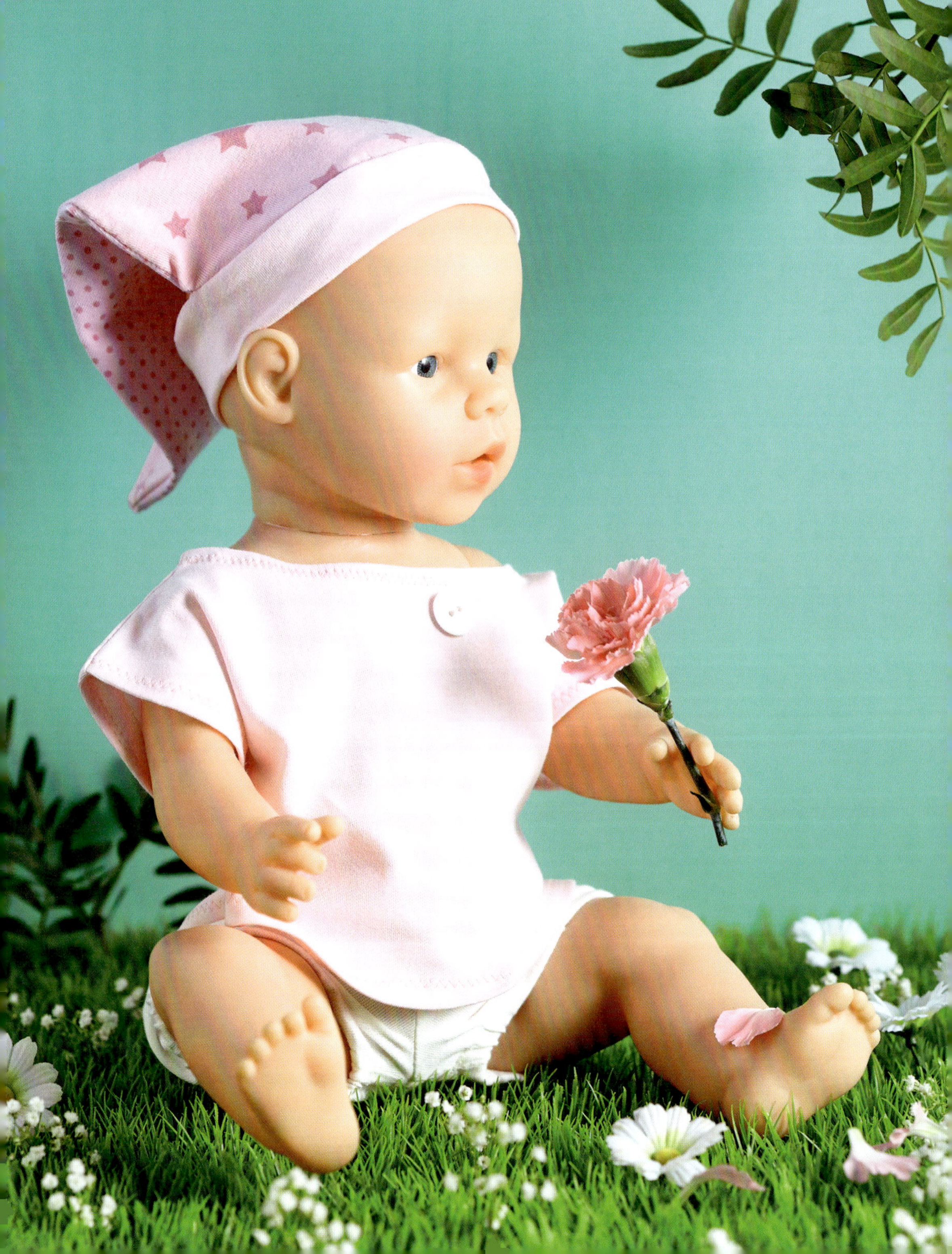

Wende-Kopftuch

zweifach behütet

GRÖSSE

XS/S + M

Die Angaben für Größe XS stehen vor dem Schrägstrich, für Größe S + M nach dem Schrägstrich.

MATERIAL

- Jersey 1, 20 cm x 20 cm/25 cm x 25 cm
- Jersey 2, 20 cm x 20 cm/25 cm x 25 cm
- Jersey 3, 8 cm x 35 cm/10 cm x 45 cm
- farblich passendes Nähgarn

ZUSCHNITT

- Jersey 1
  1x das Kopftuchteil (Oberseite)
- Jersey 2
  1x das Kopftuchteil (Unterseite)
- Jersey 3
  1 Streifen à 6 cm x (Kopfumfang + 1 cm)/
  1 Streifen à 7 cm x (Kopfumfang + 1 cm)

NAHTZUGABEN

- Die Kopftuchteile mit 0,5-1 cm Nahtzugabe zuschneiden.
- Die Maße für den Streifen enthalten bereits 0,5 cm Nahtzugabe.

SCHNITTMUSTERBOGEN A

1 Das Kopftuchteil für die Oberseite mit der Unterkante mittig rechts auf rechts an eine lange Kante des Streifens stecken und festnähen. Dabei die Stoffe nicht im Bereich der Nahtzugaben zusammennähen.

2 Das zweite Kopftuchteil ebenso an die andere lange Kante des Streifens nähen, dabei die Wendeöffnung auslassen.

3 Die Kopftuchteile mit den Seitenkanten rechts auf rechts bündig aufeinanderlegen. Die Teile entlang beider Seitenkanten zusammennähen. Die Nahtzugaben an der Spitze bis dicht an die Naht schräg abschneiden.

4 Jetzt das Kopftuch wenden und anprobieren, den Streifen eventuell beidseitig etwas kürzen. Das Kopftuch soll fest am Kopf sitzen, um nicht herunterzurutschen, aber nicht zu straff sein.

5 Die Streifenenden zum Ring legen, die kurzen Seiten rechts auf rechts aufeinanderstecken und zusammennähen.

6 Die Nahtzugaben an beiden offenen Streifenkanten nach innen falten, aufeinanderstecken und mit Matratzenstichen zusammennähen (siehe „So wird's gemacht").

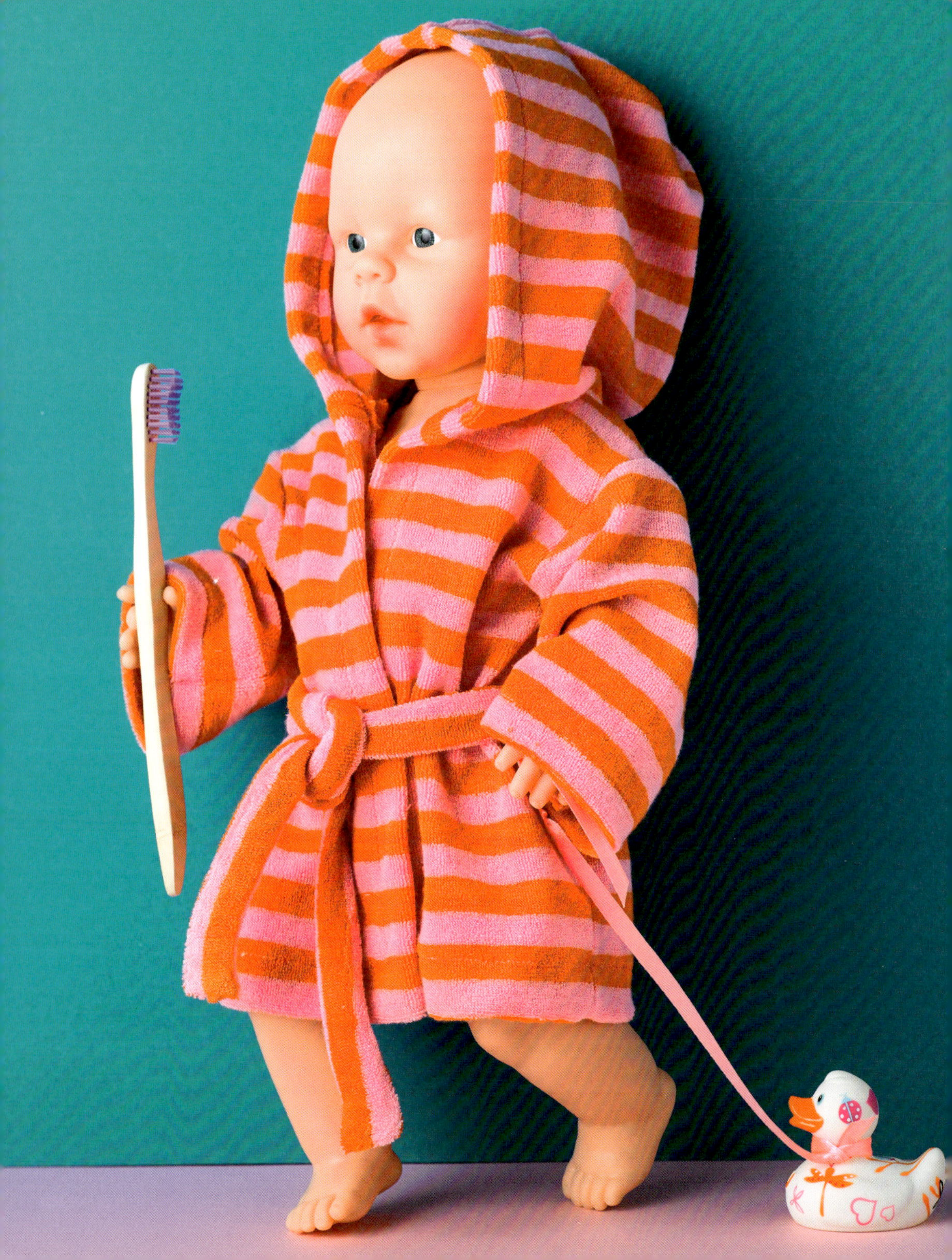

Bademantel

für kleine Wasserratten

GRÖSSE

XS/S + M

Die Angaben für Größe XS stehen vor dem Schrägstrich, für Größe S + M nach dem Schrägstrich.

MATERIAL

- Jersey-Frottee, 25 cm x 110 cm/ 35 cm x 140 cm
- farblich passendes Nähgarn

ZUSCHNITT

- 1x das Vorderteil in doppelter Stofflage
- 1x das Rückenteil im Stoffbruch
- 1x den Ärmel in doppelter Stofflage
- 1x die Kapuze in doppelter Stofflage
- 1 Streifen à 5 cm x 60 cm/7 cm x 75 cm für den Bindegürtel

NAHTZUGABEN

- Alle Teile mit 0,5-1 cm Nahtzugabe zuschneiden.
- An den vorderen Kanten des Mantels und der Kapuze, am Mantelsaum und an den Ärmelsäumen jeweils 1,5 cm/ 2 cm zugeben.
- Die Maße für den Gürtelstreifen enthalten bereits 0,5 cm Nahtzugabe.

SCHNITTMUSTERBOGEN A

1 Die Vorderteile rechts auf rechts auf das Rückenteil stecken und die Schulternähte schließen.

2 Die Ärmel rechts auf rechts in die Armausschnitte einpassen, feststecken und einnähen.

3 Jetzt den Bademantel anprobieren und die Ärmellänge prüfen, die Ärmel eventuell etwas kürzen.

4 Die Ärmelsäume 1,5 cm/2 cm breit nach links schlagen und festnähen.

5 Die Ärmel der Länge nach rechts auf rechts falten und Vorder- und Rückenteil rechts auf rechts legen, sodass die Ärmel- und Seitenkanten jeweils bündig aufeinanderliegen. Die Ärmel- und Seitennähte mit einer durchgehenden Naht schließen.

6 Die beiden Kapuzenteile an der hinteren Kante bündig rechts auf rechts aufeinanderstecken und die Naht schließen, die vordere und untere Kante offenlassen.

7 Die Kapuze rechts auf rechts an den Halsausschnitt stecken und festnähen.

8 Die Nahtzugaben an der vorderen Kante der Kapuze und den beiden Vorderteilen nach links schlagen und feststecken. Die Umschläge mit 1 cm/1,5 cm Abstand zu den Stoffbrüchen festnähen.

9 Den Saum 1,5 cm/2 cm breit nach links schlagen und festnähen. Die Umschläge von Vorderkante und Saum an den unteren Ecken der Vorderteile jeweils mit einigen Handstichen aufeinander fixieren.

10 Den Gürtelstreifen längs rechts auf rechts falten und die langen Kanten zusammennähen. Zum Wenden eine Sicherheitsnadel an einem Ende des Schlauchs an der Nahtzugabe befestigen. Die Sicherheitsnadel durch den Stofftunnel schieben, den Stoff dabei mit hindurchziehen. Die Nahtzugaben an den offenen kurzen Kanten nach innen schieben und die Öffnungen knappkantig zunähen.

Stiefel

gute Bodenhaftung garantiert

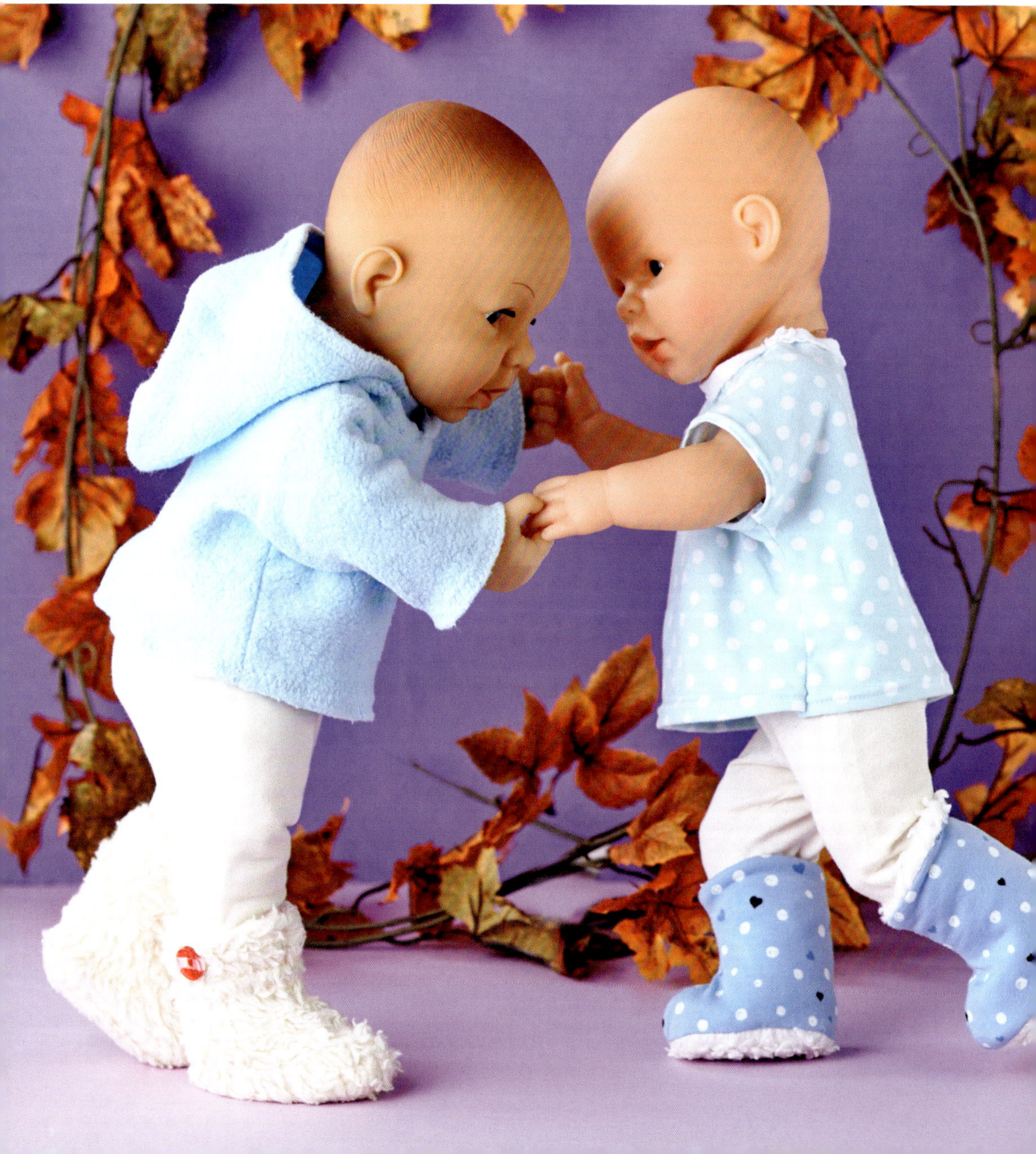

GRÖSSE

XS/S/M

Die Angaben für Größe XS stehen vor dem Schrägstrich, die Angaben nach dem Schrägstrich gelten sowohl für Größe S als auch für Größe M.

Um die passende Größe zu ermitteln, den Fuß der Puppe auf die verschiedenen Sohlenteile stellen.

MATERIAL

- Plüsch oder Fleece, 10 cm x 50 cm/15 cm x 75 cm
- Jersey für gefütterte Stiefel, 10 cm x 50 cm/15 cm x 75 cm
- 2 Knöpfe, ø 10 mm
- farblich passendes Nähgarn

ZUSCHNITT STIEFEL OHNE FUTTER

- Das Schnittmuster mit Umschlag ausschneiden.
- Plüsch oder Fleece
  2x das Stiefelteil im Stoffbruch
  1x die Sohle in doppelter Stofflage

STIEFEL MIT FUTTER

- Das Schnittmuster ohne Umschlag (bis zur Faltlinie) ausschneiden.
- Plüsch oder Fleece
  2x das Stiefelteil im Stoffbruch
  1x die Sohle in doppelter Stofflage
- Jersey (Futter)
  2x das Stiefelteil im Stoffbruch
  1x die Sohle in doppelter Stofflage

NAHTZUGABEN

- Alle Teile mit 0,5 cm Nahtzugabe zuschneiden.

SCHNITTMUSTERBOGEN B

Stiefel ohne Futter

1 Jeweils die Umschläge der oberen Kanten nach links falten und knappkantig festnähen.

2 Beide Stiefelteile mittig rechts auf rechts falten und die Naht in der vorderen Mitte schließen. Die obere und untere Kante offenlassen.

3 Die Stiefelteile rechts auf rechts auf die Sohlenteile stecken, dabei darauf achten, dass die vordere und rückwärtige Mitte jeweils aufeinandertreffen. Die Teile rundherum zusammennähen.

4 Jeweils einen Knopf, entsprechend den Markierungen im Schnittmuster, an einem Stiefel auf die rechte Seite und am anderen Stiefel auf die linke Seite nähen.

Stiefel mit Futter Größe XS

1 Alle vier Stiefelteile mittig rechts auf rechts falten und die Naht in der vorderen Mitte schließen. Die obere und untere Kante offen lassen.

2 Die vier Stiefelteile jeweils rechts auf rechts auf die passenden Sohlenteile stecken, dabei darauf achten, dass die vordere und rückwärtige Mitte jeweils aufeinandertreffen. Die Teile rundherum zusammennähen.

3 Die Außenstiefel wenden und links auf links über die Innenstiefel schieben. Die Nahtzugabe an den oberen offenen Kanten nach innen schlagen und die Stofflagen mit Matratzenstichen zusammennähen.

Stiefel mit Futter Größe S/M

1 Schritt 1 und 2 wie bei den Stiefeln mit Futter in Größe XS arbeiten. Bei Schritt 2 jedoch an den Futterstiefeln seitlich jeweils eine 3 cm breite Wendeöffnung frei lassen.

3 Die Futterstiefel wenden und rechts auf rechts in die Außenstiefel schieben. Die oberen offenen Kanten bündig aufeinanderstecken und rundherum zusammennähen. Anschließend die Stiefel durch die Wendeöffnungen wenden. Die Nahtzugaben an den Wendeöffnungen nach innen schieben und mit Matratzenstichen schließen. Die Innenstiefel in die Außenstiefel schieben.

4 Jeweils einen Knopf entsprechend den Markierungen im Schnittmuster an einem Stiefel auf die rechte Seite und am anderen Stiefel auf die linke Seite nähen.

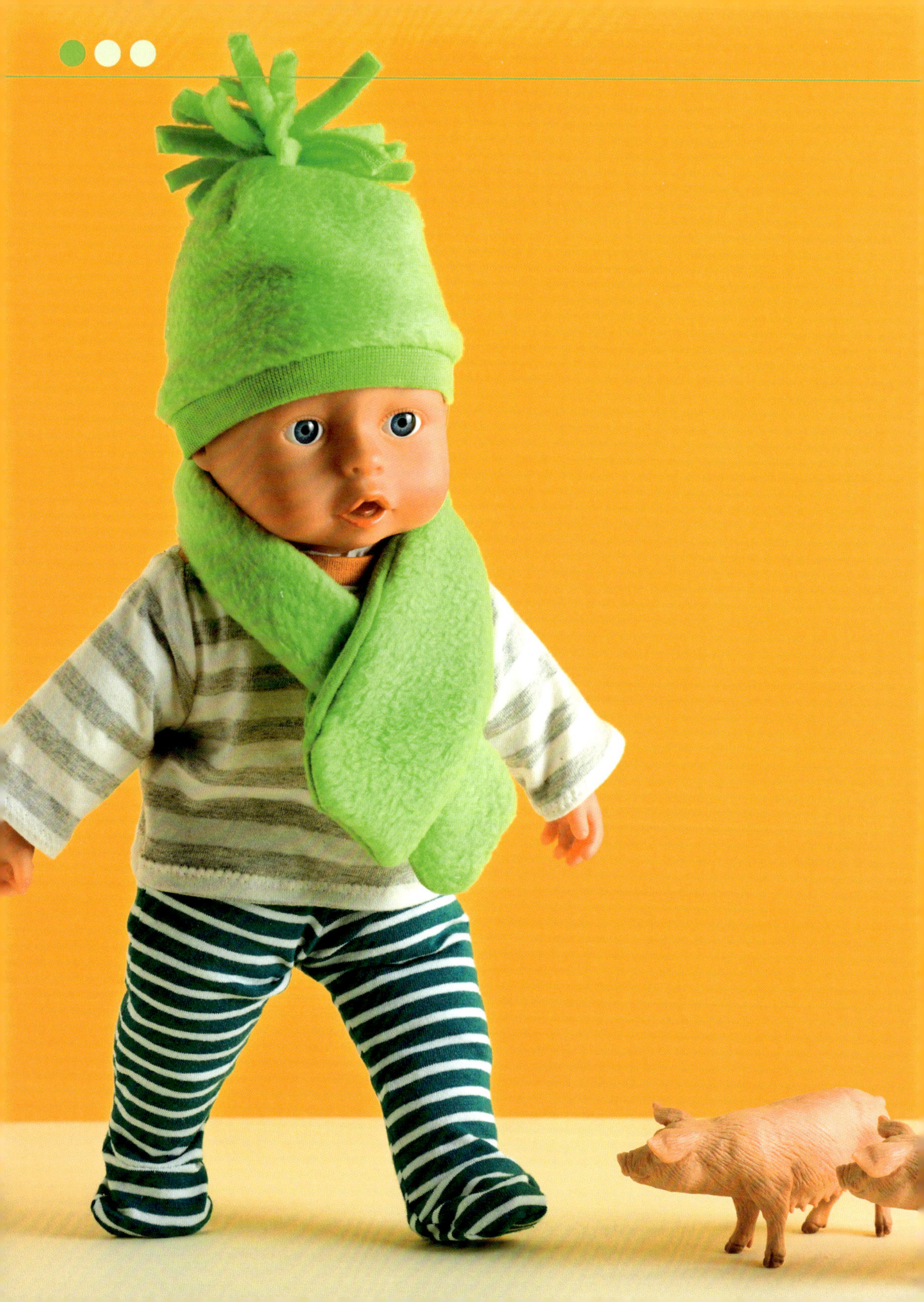

Schal mit Schlaufe

tolles Accessoire – ruckzuck genäht!

GRÖSSE
XS/S + M

Die Angaben für Größe XS stehen vor dem Schrägstrich, für Größe S + M nach dem Schrägstrich.

MATERIAL
- Sweatshirt-Stoff, 8 cm x 65 cm/10 cm x 70 cm
- Fleece, 8 cm x 45 cm/10 cm x 50 cm
- farblich passendes Nähgarn

ZUSCHNITT
- Sweatshirt-Stoff
  1x den Schal im Stoffbruch
  1x die Schlaufe in doppelter Stofflage
- Fleece
  1x den Schal im Stoffbruch

NAHTZUGABEN
- Alle Teile mit 0,5-1 cm Nahtzugabe zuschneiden.

SCHNITTMUSTER-BOGEN B

1 Zuerst die Schlaufenteile rechts auf rechts stecken und an einer kurzen und an beiden langen Kanten zusammennähen. Die Nahtzugaben an den genähten Ecken zurückschneiden. Die Schlaufe wenden, die Nahtzugaben an der offenen Kante nach innen schieben und bügeln.

2 Die Schlaufe entsprechend der Markierung im Schnittmuster auf die rechte Seite des Schalteils aus Sweatshirt-Stoff stecken und an den kurzen Kanten knappkantig festnähen.

3 Die Schalteile rechts auf rechts stecken und rundherum zusammennähen, dabei an einer langen Kante eine 5 cm lange Wendeöffnung auslassen. Die Nahtzugaben an den abgerundeten Ecken mehrmals bis dicht an die Naht einschneiden.

4 Den Schal durch die Öffnung wenden. Die Nahtzugaben an der Wendeöffnung nach innen schieben und die Öffnung mit Matratzenstichen schließen (siehe „So wird's gemacht").

Mein Tipp für Sie

Herbstlich warm Kuschelig wirkt der Schal, wenn für die untere Seite auch Fleece oder Plüsch verwendet wird. Ein leichterer Schal für den Übergang kann komplett aus Jersey gearbeitet werden.

Strampelhose

Zappeln erlaubt!

GRÖSSE
XS/S + M

Die Angaben für Größe XS stehen vor dem Schrägstrich, die Angaben nach dem Schrägstrich gelten sowohl für Größe S als auch für Größe M.

MATERIAL

- Jersey, 30 cm x 75 cm/40 cm x 90 cm
- Bündchenstoff, 10 cm x 40 cm
- 2 Jersey-Druckknöpfe, ø 8 mm und passendes Werkzeug
- Bügeleinlage, Rest
- farblich passendes Nähgarn

ZUSCHNITT

- Jersey
  1x das Vorderteil im Stoffbruch
  1x das Rückenteil in doppelter Stofflage
  1x den vorderen Beleg im Stoffbruch
  1x den rückwärtigen Beleg im Stoffbruch
- Bündchenstoff
  2 Streifen à 6 cm x 12 cm/7 cm x 16 cm

NAHTZUGABEN

- Alle Teile mit 0,5-1 cm Nahtzugabe zuschneiden.
- Die Maße für die Bündchensteifen enthalten bereits 0,5 cm Nahtzugabe.

SCHNITTMUSTERBOGEN B

1 Die linken Seiten der Belege an den Stellen, an denen die Druckknöpfe angebracht werden, mit Bügeleinlage verstärken.

2 Die Rückenteile rechts auf rechts stecken und die rückwärtige Mitte schließen. Die Stoffe auseinanderfalten. Den rückwärtigen Beleg rechts auf rechts bündig an die obere Kante stecken. Den Beleg an der oberen Kante und den Seiten festnähen, dabei beginnt und endet die Naht an der Nahtzugabe, also 0,5 cm oder 1 cm (je nachdem, wie viel Nahtzugabe zugegeben worden ist) oberhalb bzw. vor der Kante des Belegs.

3 Den vorderen Beleg rechts auf rechts bündig an die obere Kante des Vorderteils stecken. Den Beleg ebenfalls wie oben beschrieben an der oberen Kante und den Seiten festnähen.

4 Das Rückenteil rechts auf rechts mit den Seitenkanten bündig auf das Vorderteil legen und die Seitennähte schließen. Oben endet die Naht jeweils genau da, wo die Belegnähte beginnen.

5 Die Bündchenstreifen der Länge nach links auf links falten, sodass die Längskanten aufeinanderliegen. Anschließend die Streifen rechts auf rechts an die Hosenbeinsäume stecken und gleichmäßig gedehnt festnähen. Die Bündchen nach unten schlagen, die Nahtzugaben in die Hose legen (siehe „So wird's gemacht").

6 Anschließend Vorder- und Rückenteil rechts auf rechts an den inneren Beinkanten bündig legen und die inneren Beinnähte ebenfalls schließen.

7 Die Nahtzugaben an den Belegen n den Ecken bis dicht an die Naht schräg wegschneiden, an den Rundungen bis dicht an die Naht einschneiden. Die Belege nach innen wenden und die Kanten bügeln.

8 Die Jersey-Druckknöpfe entsprechend den Markierungen im Vorderteil und an den Trägern befestigen. Dabei jeweils ein Knopfteil auf der Oberseite des Vorderteils und das passende zweite Teil auf der Unterseite des Rückenteils anbringen.

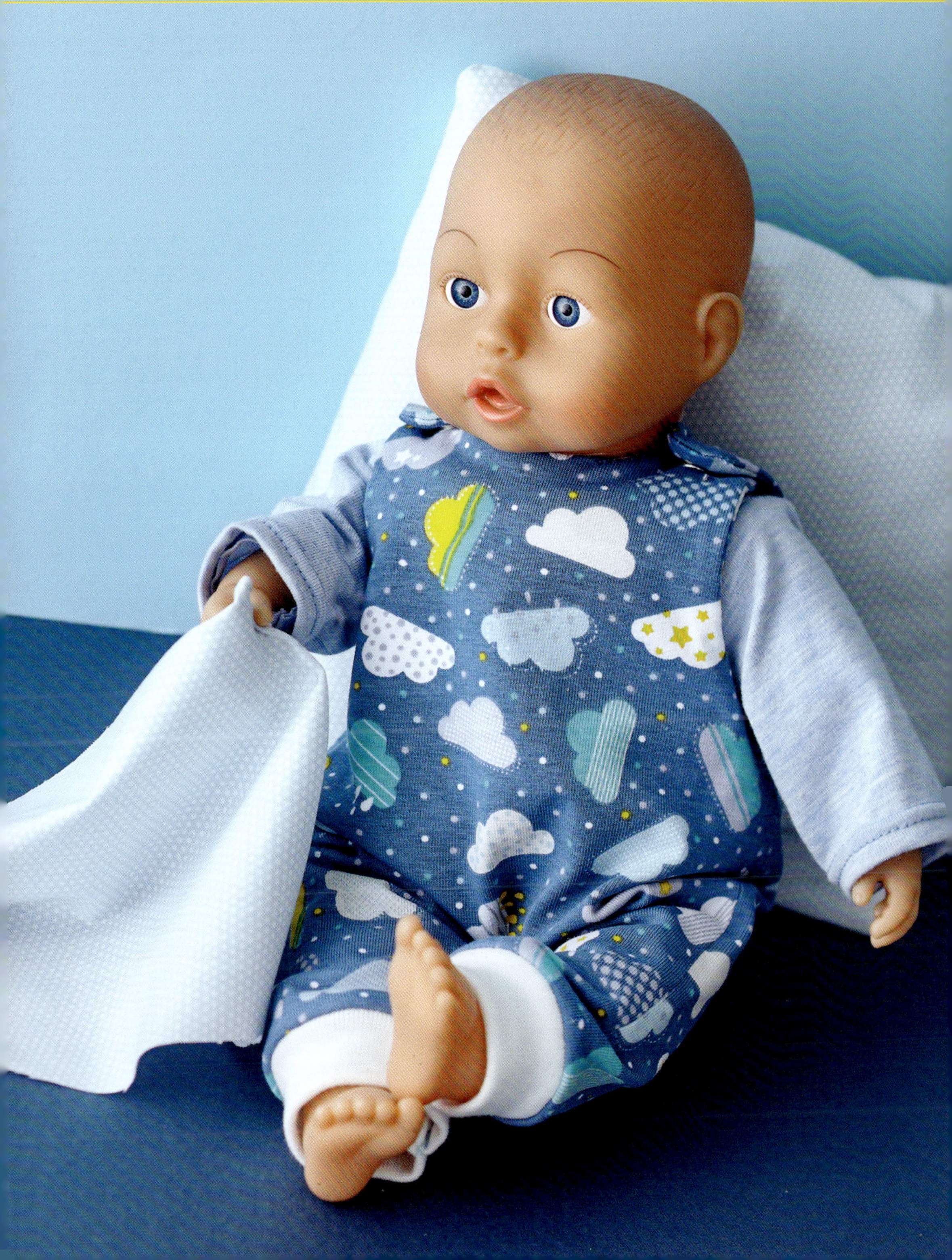

Mütze

hält auch die Ohren warm

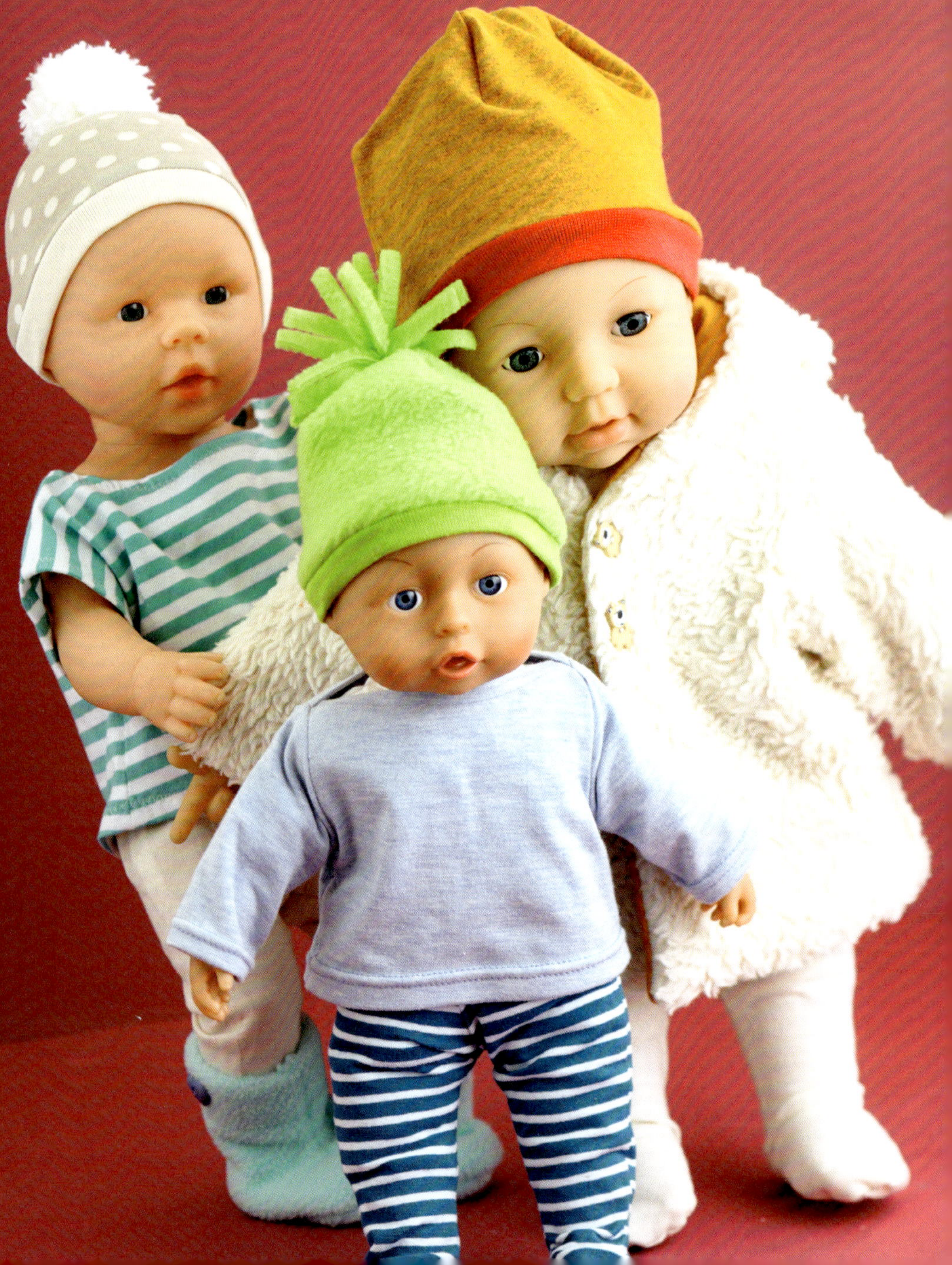

GRÖSSE

XS = 26-28, S = 29-31, M = 32-36 cm Kopfumfang

Die Angaben für Größe XS stehen vor dem Schrägstrich, die Angaben nach dem Schrägstrich gelten sowohl für Größe S als auch für Größe M.

MATERIAL

- Fleece oder Jersey, 12 cm x 35 cm/15 cm x 45 cm
- Bündchenstoff, 5 cm x 30 cm/8 cm x 40 cm
- farblich passendes Nähgarn

POMPON AUS FLEECE

- Sticktwist, farblich passend zum Fleece, Rest
- spitze Sticknadel

POMPON AUS WOLLE

- flauschige Wolle, Rest
- Sticktwist, farblich passend zur Wolle, Rest
- spitze Sticknadel

ZUSCHNITT

- Fleece oder Jersey
  1x das Mützenteil im Stoffbruch
  10 Streifen à 5 mm x 10 cm
  (für den Pompon aus Fleece)
- Bündchenstoff
  4 cm x (90 % des Kopfumfangs + 1 cm)/
  5 cm x (90 % des Kopfumfangs + 1 cm)

NAHTZUGABEN

- Das Mützenteil mit 0,5-1 cm Nahtzugabe zuschneiden.
- Die Maße für das Bündchen enthalten bereits 0,5 cm Nahtzugabe.

SCHNITTMUSTERBOGEN B

Mütze

1 Das Mützenteil mit der rechten Stoffseite nach oben auf die Arbeitsfläche legen. Die beiden äußeren Spitzen rechts auf rechts bündig auf die beiden mittleren Spitzen falten und feststecken. Die Stofflagen von beiden Spitzen hin zu den Seiten zusammennähen, dabei die Nähte jeweils in einem spitzen Winkel möglichst sanft in den Stoffbruch auslaufen lassen, damit hier schöne Rundungen entstehen.

2 Anschließend die Stofflagen auseinanderziehen und jetzt die Seitenkanten und die offenen Kanten an der Spitze rechts auf rechts bündig aufeinanderlegen. Die offenen Kanten an der Spitze und die Seitennaht mit einer durchgehenden Naht schließen.

3 Die Nahtzugaben an allen Rundungen mehrmals bis dicht an die Naht einschneiden.

4 Den Bündchenstreifen mittig rechts auf rechts falten und an den kurzen Kanten zum Ring zusammennähen. Den Bündchenring auseinanderziehen und längs zur Hälfte falten, sodass die Längskanten aufeinander- und die rechten Seiten außen liegen. Die offenen Kanten aufeinander- und anschließend leicht gedehnt an die offene Kante der Mütze stecken. Dabei trifft die Bündchennaht auf die Mützennaht. Das Bündchen mit einem elastischen Stich feststeppen. Anschließend die Nahtzugaben in die Mütze legen und das Bündchen nach unten falten.

Pompon aus Fleece

1 Für den Fleece-Pompon die Streifen zu einem Strang zusammenlegen und mittig mit dem Sticktwist abbinden. Den Twist fest anziehen und gut verknoten, die Fadenenden lang hängen lassen.

2 Ein Fadenende auf die Sticknadel fädeln und mittig durch die obere Spitze der Mütze ziehen, den Faden etwas vernähen. Das zweite Ende des Sticktwists auch ins Mützeninnere ziehen und mit dem anderen Fadenende gut verknoten.

Pompon aus Wolle

1 Für den Pompon die Wolle um drei leicht gespreizte Finger einer Hand zu einem dicken Strang wickeln. Den Strang vorsichtig von den Fingern schieben und mittig mit einem Stück Sticktwist abbinden. Den Twist fest anziehen und gut verknoten, die Fadenenden lang hängen lassen. Anschließend die Schlaufen aufschneiden und den Pompon schön rund zurechtschneiden.

2 Ein Fadenende des Twists auf die Sticknadel fädeln und mittig durch die obere Spitze der Mütze ziehen, den Faden etwas vernähen. Das zweite Ende des Sticktwists auch ins Mützeninnere ziehen und mit dem anderen Fadenende gut verknoten.

Langarm-Shirt

mit amerikanischem Ausschnitt

GRÖSSE

XS/S + M

Die Angaben für Größe XS stehen vor dem Schrägstrich, für Größe S + M nach dem Schrägstrich.

MATERIAL

- Jersey 1 für das Shirt, 15 cm x 65 cm/20 cm x 80 cm
- Jersey 2 für den Einfassstreifen, 5 cm x 30 cm/5 cm x 40 cm
- Jersey 3 für die Applikation, 5 cm x 5 cm
- Vliesofix, 5 cm x 5 cm
- farblich passendes Nähgarn

ZUSCHNITT

- Jersey 1
  1x das Vorderteil im Stoffbruch
  1x das Rückenteil im Stoffbruch
  1x den Ärmel in doppelter Stofflage
- Jersey 2
  2 Streifen à 3,5 cm x 15 cm/3,5 cm x 20 cm

NAHTZUGABEN

- Alle Teile mit 0,5-1 cm Nahtzugabe zuschneiden.
- An den Ärmelsäumen und am Shirt-Saum jeweils 1 cm zugeben.
- Die Maße für den Streifen beinhalten bereits 0,5 cm Nahtzugabe.

SCHNITTMUSTERBOGEN B

1 Die Applikation vorbereiten (siehe „So wird's gemacht") und in Brusthöhe „über dem Herzen" auf die rechte Seite des Vorderteils bügeln. Die Applikation mit kleinen geraden Stichen festnähen.

2 An Vorder- und Rückenteil zuerst den Ausschnitt mit gefalteten Bündchenstreifen einfassen (siehe „So wird's gemacht"). Dafür die Streifen der Länge nach links auf links falten und bügeln, anschließend rechts auf rechts an die Ausschnittkanten stecken, im Bereich der Innenrundungen dabei leicht dehnen. Eventuell überstehende Enden der Einfassstreifen abschneiden. Die Streifen annähen, dann die Streifen nach oben und die Nahtzugaben in das Shirt bügeln.

3 Das Rückenteil so links auf rechts auf das Vorderteil legen, dass die Schultermarkierungen aufeinandertreffen. Die Überlappungen an beiden Schultern innerhalb der Nahtzugaben mit einigen Nähmaschinenstichen fixieren.

4 Die Ärmel rechts auf rechts an die Armausschnitte stecken, dabei treffen die Schultermarkierungen der Ärmel auf die Markierungen der Armausschnitte. Die Ärmel festnähen. Jetzt das T-Shirt anprobieren und die Ärmel eventuell kürzen.

5 Die Saumzugaben an den Ärmeln nach links schlagen und bügeln, anschließend mit elastischen Stichen festnähen.

6 Die Ärmel rechts auf rechts falten sowie Vorder- und Rückenteil rechts auf rechts legen, sodass die Ärmel- und Seitenkanten aufeinanderliegen. Die Seiten- und Ärmelnähte jeweils vom Ärmelsaum bis zum Shirt-Saum mit einer durchgehenden Naht schließen.

7 Den Shirt-Saum nach links schlagen und bügeln, anschließend mit elastischen Stichen festnähen.

Mein Tipp für Sie

Individulisieren Schön sieht es auch aus, wenn sich die Ärmel farblich absetzen. Dafür z. B. eine Kontrastfarbe oder einen helleren/dunkleren Ton als für das Vorder- und Rückenteil wählen.

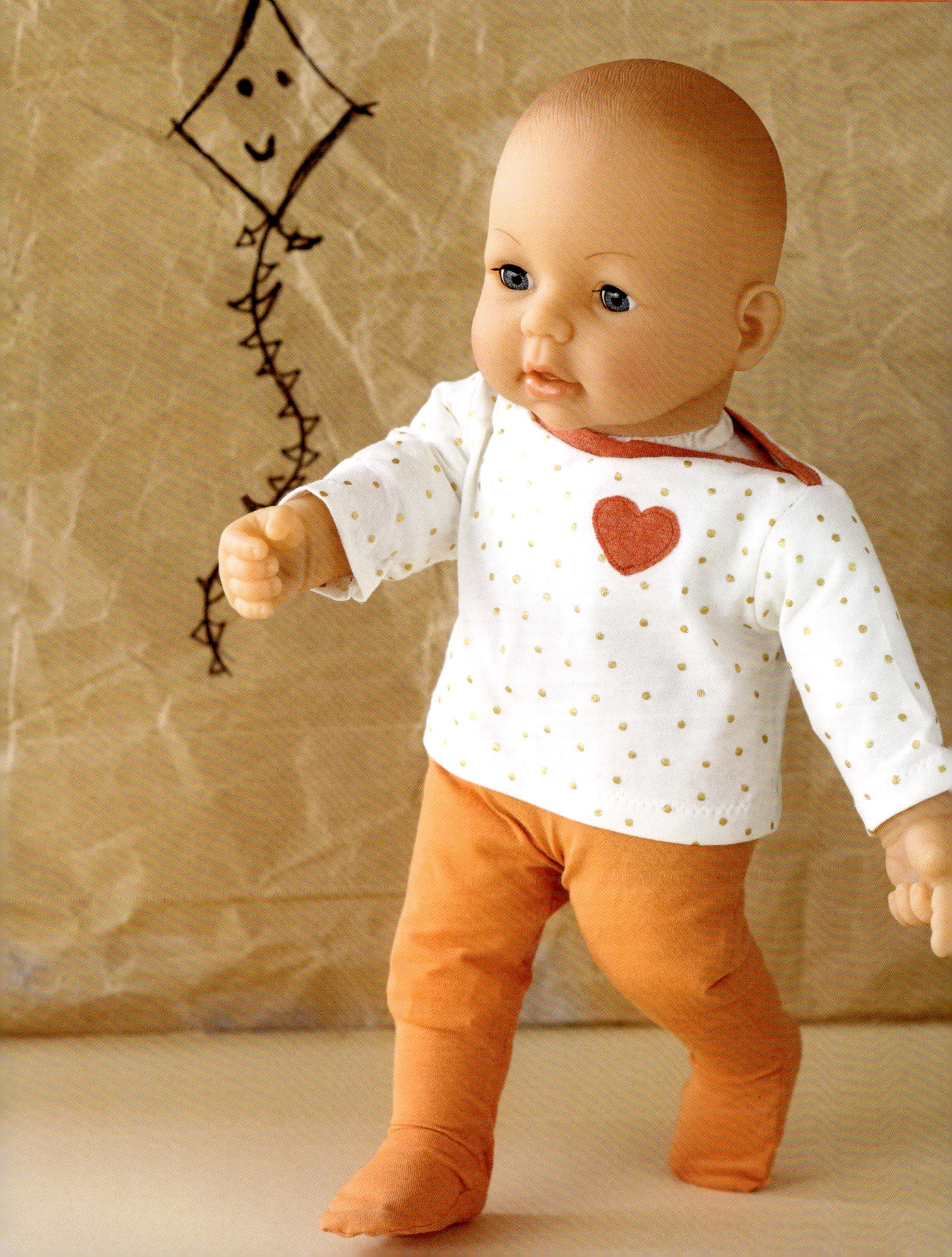

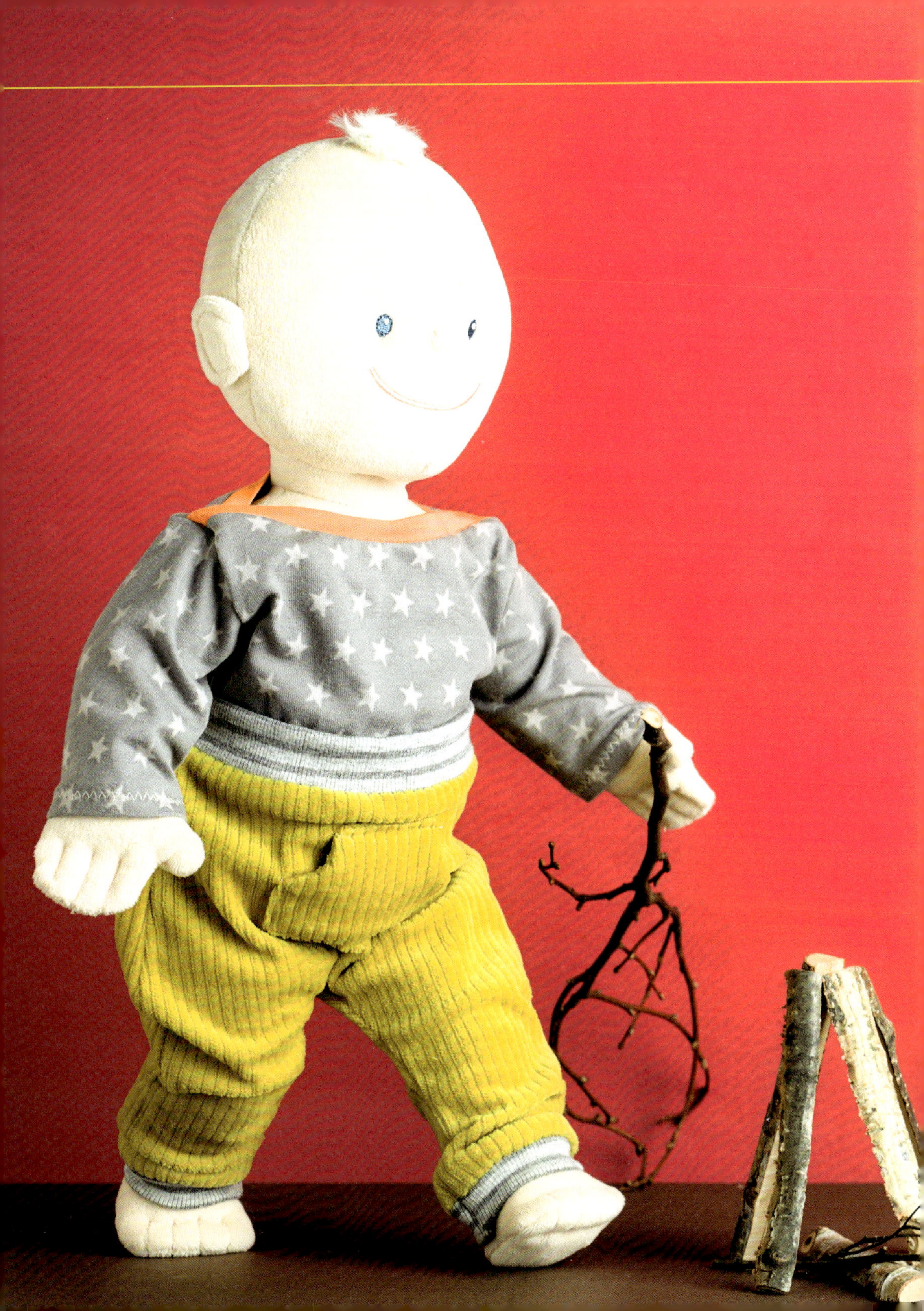

Hose mit Känguru-Tasche

für alle, die das Abenteuer suchen

GRÖSSE
XS/S/M

Die Angaben für Größe XS stehen vor dem Schrägstrich, die Angaben nach dem Schrägstrich gelten sowohl für Größe S als auch für Größe M.

MATERIAL

- Jersey, 20 cm x 55 cm/30 cm x 70 cm
- Bündchenstoff, 8 cm x 50 cm/8 cm x 70 cm
- farblich passendes Nähgarn

ZUSCHNITT

- Jersey
  1x das vordere Hosenteil im Stoffbruch
  1x das rückwärtige Hosenteil im Stoffbruch
  1x die Tasche in doppelter Stofflage
- Bündchen
  1x das Bauchbündchen im Stoffbruch
  2x das Beinbündchen

NAHTZUGABEN

- Alle Teile mit 0,5-1 cm Nahtzugabe zuschneiden.

SCHNITTMUSTERBOGEN B

1 Die Taschenteile rechts auf rechts stecken und rundherum bis auf die obere Kante zusammennähen. Die Nahtzugaben an den Ecken bis dicht an die Naht zurückschneiden und an den Rundungen einschneiden. Die Tasche wenden und bügeln, die Nahtzugaben an der Öffnung nach innen schieben.

2 Die Tasche entsprechend der Markierung im Schnittmuster auf die rechte Seite des vorderen Hosenteils stecken. Die Tasche an allen geraden Kanten knappkantig festnähen, die Rundungen als Tascheneingriffe offen lassen.

3 Vorderes und rückwärtiges Hosenteil rechts auf rechts legen, sodass die Seitenkanten bündig aufeinanderliegen. Die Seitennähte schließen.

4 Das Bauchbündchen rechts auf rechts falten und an den kurzen Seiten zum Ring schließen. Den Bündchenring dann links auf links falten, sodass die Längskanten aufeinanderliegen, anschließend rechts auf rechts an die obere Kante der Hose stecken und gleichmäßig gedehnt annähen. Das Bündchen nach oben schlagen, die Nahtzugaben in die Hose legen.

5 Die Beinbündchen jeweils links auf links falten, sodass die Längskanten aufeinanderliegen, anschließend rechts auf rechts an die Hosenbeinsäume stecken und leicht gedehnt annähen. Die Bündchen nach unten schlagen, die Nahtzugaben in die Hose legen.

6 Die Hosenteile rechts auf rechts legen, sodass die inneren Beinkanten bündig aufeinanderliegen. Die innere Beinnaht und die Beinbündchen mit einer durchgehenden Naht schließen.

Mein Tipp für Sie

Stoffideen Besonders hübsch wirkt die Hose, wenn sie aus Jersey-Cord genäht wird.

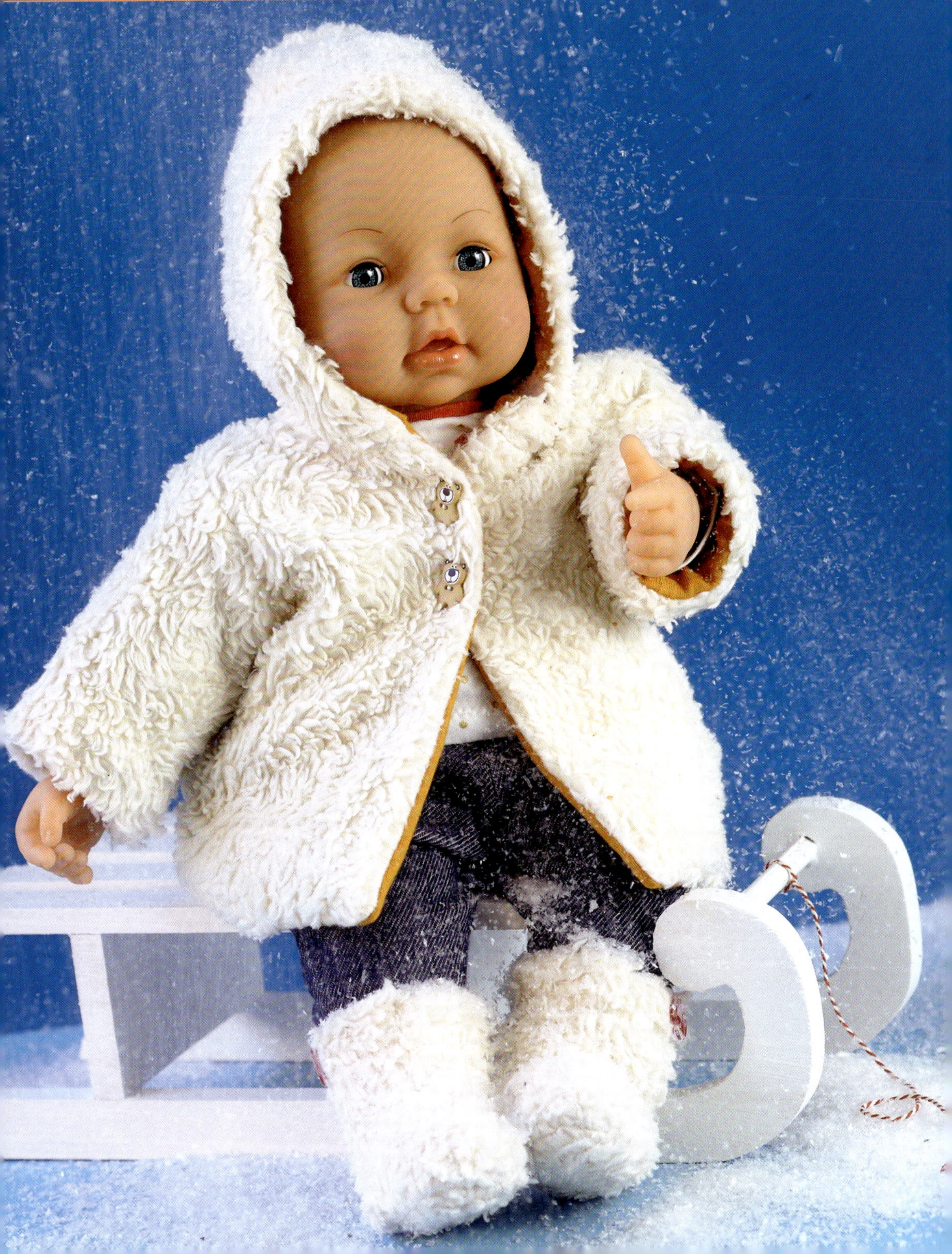

Plüschmantel

kuscheliger geht's nicht!

GRÖSSE

XS/S + M

Die Angaben für Größe XS stehen vor dem Schrägstrich, die Angaben nach dem Schrägstrich gelten sowohl für Größe S als auch für Größe M.

MATERIAL

- Jersey-Plüsch, 20 cm x 120 cm/ 30 cm x 145 cm
- Jersey, 20 cm x 120 cm/30 cm x 145 cm
- 2 Druckknöpfe zum Annähen, ø 7 mm
- 2 dekorative Knöpfe, ø 1-2 cm
- farblich passendes Nähgarn

ZUSCHNITT

- Jersey-Plüsch
  1x das Vorderteil in doppelter Stofflage
  1x das Rückenteil im Stoffbruch
  1x den Ärmel in doppelter Stofflage
  1x die Kapuze in doppelter Stofflage
- Jersey
  1x das Vorderteil in doppelter Stofflage
  1x das Rückenteil im Stoffbruch
  1x den Ärmel in doppelter Stofflage
  1x die Kapuze in doppelter Stofflage

NAHTZUGABEN

- Alle Teile mit 0,5-1 cm Nahtzugabe zuschneiden.

SCHNITTMUSTERBOGEN B

1 Für die Außenjacke die Plüsch-Vorderteile rechts auf rechts auf das Plüsch-Rückenteil stecken und die Schulternähte schließen.

2 Die Ärmel jeweils rechts auf rechts in die Armausschnitte einpassen, feststecken und einnähen. Jetzt den Mantel anprobieren und die Ärmel eventuell kürzen.

3 Die Ärmel der Länge nach rechts auf rechts falten und Vorder- und Rückenteil ebenfalls rechts auf rechts legen, sodass die Seiten- und Ärmelkanten jeweils bündig aufeinanderliegen. Die Ärmel- und Seitennähte jeweils mit einer durchgehenden Naht schließen.

4 Die Kapuzenteile jeweils rechts auf rechts falten, sodass die Kanten der Abnäher bündig aufeinanderliegen. Die Abnäher von der unteren Kapuzenkante zur Abnäherspitze hin zusammennähen, die Naht dabei schmal auslaufen lassen, damit es keine unschönen Ecken gibt. Die zwei Kapuzenteile rechts auf rechts stecken und die hinteren Kanten zusammennähen, die vorderen und unteren Kanten offenlassen.

5 Die Kapuze rechts auf rechts an den Halsausschnitt stecken und festnähen.

6 Das Futter aus Jersey wie die Außenjacke zusammennähen, siehe Schritt 1 bis Schritt 5.

7 Die Außenjacke auf rechts wenden und rechts auf rechts auf die Futter-Jacke legen. Die Jacken an der Knopfleiste, dem Saum und an der Kapuze bündig stecken und zusammennähen. Dabei an der rückwärtigen Saumkante eine Wendeöffnung von 6 cm auslassen. Die Jacke durch die Wendeöffnung wenden, die Nahtzugaben an der Wendeöffnung nach innen schieben und mit Matratzenstichen schließen.

8 Die Futter-Ärmel in die Jacken-Ärmel schieben. Die Nahtzugaben an den Ärmelsäumen nach links schlagen und an den Bruchkanten bündig aufeinanderstecken. Die Ärmelsäume mit Matratzenstichen zusammennähen.

9 Die Druckknöpfe entsprechend den Markierungen im Schnittmuster annähen, dabei darauf achten, jeweils ein Teil auf die Außen- und das passende Gegenstück auf die Futter-Jacke zu nähen.

10 Anschließend die dekorativen Knöpfe genau über den Druckknöpfen auf die vordere Kante der Außenjacke nähen, und zwar auf die Seite, die bei geschlossener Jacke oben liegt.

Winterkleid

chic im Schnee unterwegs

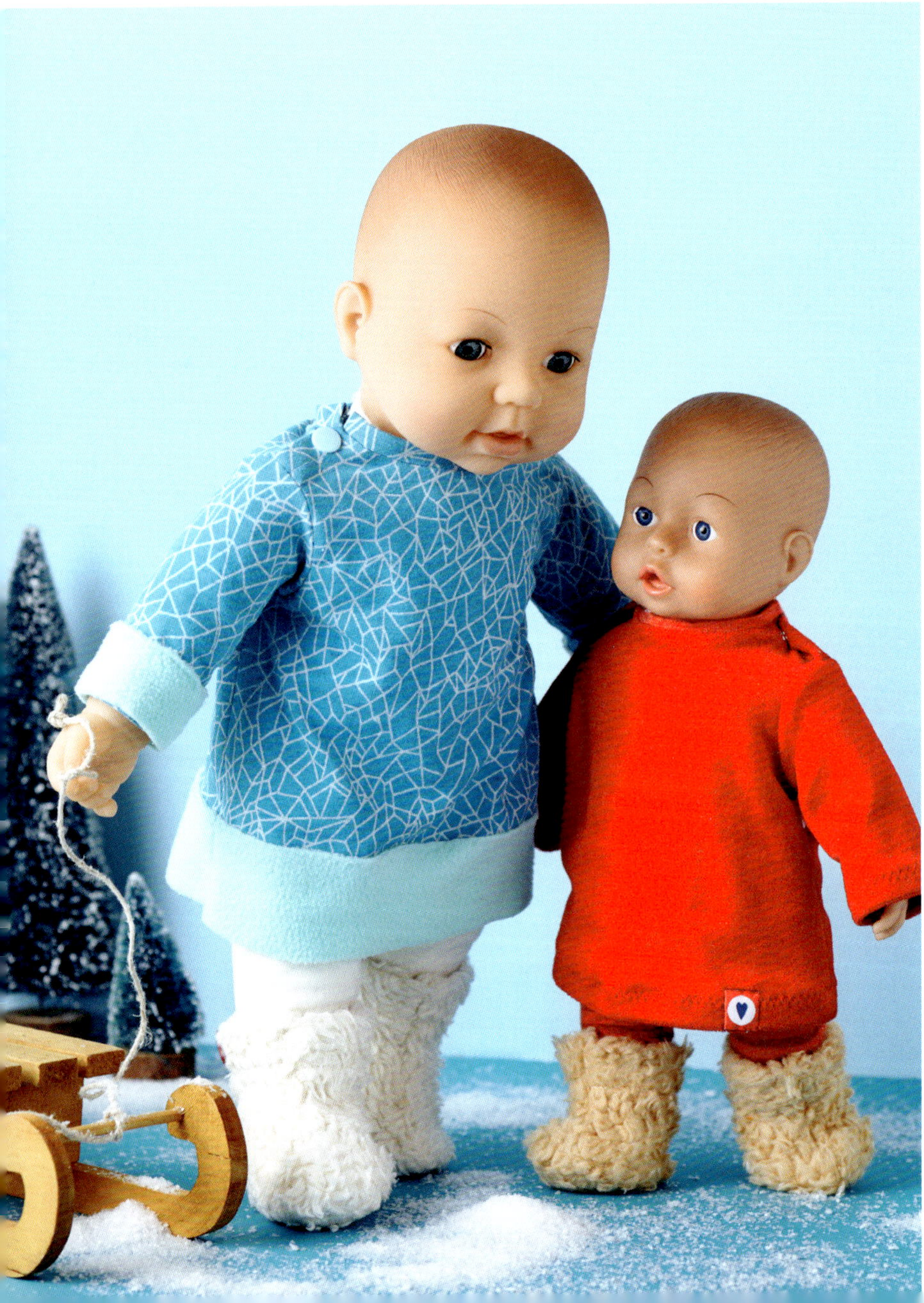

GRÖSSE

XS/S + M

Die Angaben für Größe XS stehen vor dem Schrägstrich, für Größe S + M nach dem Schrägstrich.

MATERIAL
KLEID MIT SAUMSTREIFEN

- Jersey, 25 cm x 100 cm/ 20 cm x 70 cm
- Fleece, 6 cm x 90 cm/ 5 cm x 65 cm
- Rest Bügeleinlage
- 2 Jersey-Druckknöpfe, ø 8 mm und passendes Werkzeug
- farblich passendes Garn

KLEID AUS EINEM STOFF

- Nicki, 30 cm x 80 cm/ 25 cm x 55 cm
- Rest Bügeleinlage
- 2 Jersey-Druckknöpfe, ø 8 mm und passendes Werkzeug
- farblich passendes Garn

ZUSCHNITT KLEID MIT SAUMSTREIFEN

- Jersey
  1 x das Vorderteil im Stoffbruch
  1 x das Rückenteil im Stoffbruch
  1 x den Ärmel in doppelter Stofflage
  2 Bündchenstreifen à 3 cm x 15 cm/3 cm x 10 cm
- Fleece
  1x den vorderen Saumstreifen im Stoffbruch
  1 x den rückwärtigen Saumstreifen im Stoffbruch

KLEID AUS EINEM STOFF

- 1x das Vorderteil im Stoffbruch
- 1x das Rückenteil im Stoffbruch
- 1x den Ärmel in doppelter Stofflage
- 2 Bündchenstreifen à 3 cm x 15 cm (3 cm x 10 cm)

NAHTZUGABEN

- Alle Teile mit 0,5-1 cm Nahtzugabe zuschneiden.
- Am Kleidersaum und an den Ärmelsäumen 1 cm zugeben.
- Für das Kleid mit Saumstreifen die untere Kante der beiden Saumstreifen aus Fleece ohne Nahtzugabe schneiden.
- Die Maße für die Bündchenstreifen enthalten bereits 0,5 cm Nahtzugabe.

SCHNITTMUSTERBOGEN B

Kleid mit Saumstreifen

1 Auf die linke Seite der Umschläge oberhalb der Schulterlinie für den Druckknopf-Verschluss je ein Stück Bügeleinlage aufbügeln.

2 An Vorder- und Rückenteil zuerst den Ausschnitt mit gefalteten Bündchenstreifen einfassen (siehe „So wird's gemacht“). Dafür die Streifen der Länge nach links auf links falten und bügeln, anschließend leicht gedehnt rechts auf rechts an die Ausschnittkanten stecken. Die Streifen festnähen und nach außen bügeln, die Nahtzugaben in das Kleid bügeln.

3 Am Rückenteil die Umschläge an der Schulterlinie zur linken Seite schlagen und bügeln, am Vorderteil die oberen Kanten der Umschläge mit Zickzackstichen versäubern.

4 Das Rückenteil so links auf rechts auf das Vorderteil legen, dass die Bruchkanten am Rückenteil auf die Schultermarkierungen am Vorderteil treffen. Die Überlappungen der Teile an beiden Schultern innerhalb der Nahtzugaben an den Armausschnitten mit einigen Nähmaschinenstichen fixieren.

5 Die Saumstreifen für die Ärmel jeweils links auf rechts an die unteren Ärmelkanten stecken, sodass die Saumstreifen die Ärmelkanten in einfacher Nahtzugabenbreite überlappen. Die Saumstreifen mit geraden Stichen festnähen.

6 Die Ärmel rechts auf rechts in die Armausschnitte stecken, dabei treffen die Schultermarkierungen der Ärmel auf die Markierungen an den Armausschnitten. Die Ärmel festnähen.

7 Die Ärmel der Länge nach rechts auf rechts falten und Vorder- und Rückenteil ebenfalls rechts auf rechts legen, sodass die Ärmel- und Seitenkanten jeweils bündig aufeinanderliegen. Die Seiten- und Ärmelnähte mit einer durchgehenden Naht vom Ärmelsaum bis zur unteren Kleiderkante schließen.

8 Die vorderen und rückwärtigen Saumstreifen für das Kleid bündig rechts auf rechts legen und die Seitennähte schließen. Den zusammengesetzten Saumstreifen links auf rechts auf die Unterkante des Kleids stecken, sodass die Saumstreifen die Kleidkante in einfacher Nahtzugabenbreite überlappen. Den Saumstreifen mit geraden Stichen festnähen.

9 Druckknöpfe wie im Schnitt markiert anbringen, sodass sich das Kleid an den Schultern schließen lässt.

Kleid aus einem Stoff

1 Schritt 1 bis 4 wie beim Kleid mit Saumstreifen arbeiten.

2 Die Ärmelsäume nach links umbügeln und festnähen.

3 Schritte 6 und 7 wie beim Kleid mit Saumstreifen arbeiten.

4 Den Kleidersaum nach links umbügeln und festnähen.

Sternendecke

der Himmel auf Erden

GRÖSSE

XS/S + M

Die Angaben für Größe XS stehen vor dem Schrägstrich, die Angaben nach dem Schrägstrich gelten sowohl für Größe S als auch für Größe M.

MATERIAL

- Fleece in Blau, 50 cm x 120 cm/65 cm x 140 cm
- farblich passendes Nähgarn

ZUSCHNITT

- 1x das Vorderteil in doppelter Stofflage
- 1x das Rückenteil
- 1x das Kapuzenteil
- 3 Streifen à 7 mm x 8 cm

NAHTZUGABEN

- Alle Teile mit 0,5-1 cm Nahtzugabe zuschneiden.
- Die Maße für die Streifen beinhalten bereits die Nahtzugabe.

SCHNITTMUSTERBOGEN B

1 Die untere Kante des Kapuzenteils und die vorderen Kanten der beiden Vorderteile mit breiten Zickzackstichen (4 mm breit, 4 mm lang) versäubern.

2 Das Rückenteil mit der rechten Seite nach oben auf die Arbeitsfläche legen. Die drei Streifen mittig an der oberen Stern-Spitze auflegen, dabei zeigen die Streifen zur Sternenmitte und die Streifenenden schließen bündig mit der Stoffkante ab.

3 Die Vorderteile entsprechend den Markierungen rechts auf rechts auf das Rückenteil stecken, sodass die Sternspitzen bündig aufeinanderliegen. Die vorderen Kanten der Vorderteile überlappen sich dabei.

4 Anschließend das Kapuzenteil entsprechend den Markierungen rechts auf rechts auf die obere Sternenspitze stecken. Dabei die Weite des Kapuzenteils etwas einhalten, um die Kanten bündig stecken zu können.

5 Alle Lagen entlang der Außenkante des Sterns rundherum zusammennähen, die Fleece-Streifen an der Spitze dabei mitfassen.

6 Die Nahtzugaben an allen Außen- und Innenrundungen einknipsen, danach die Sternendecke wenden.

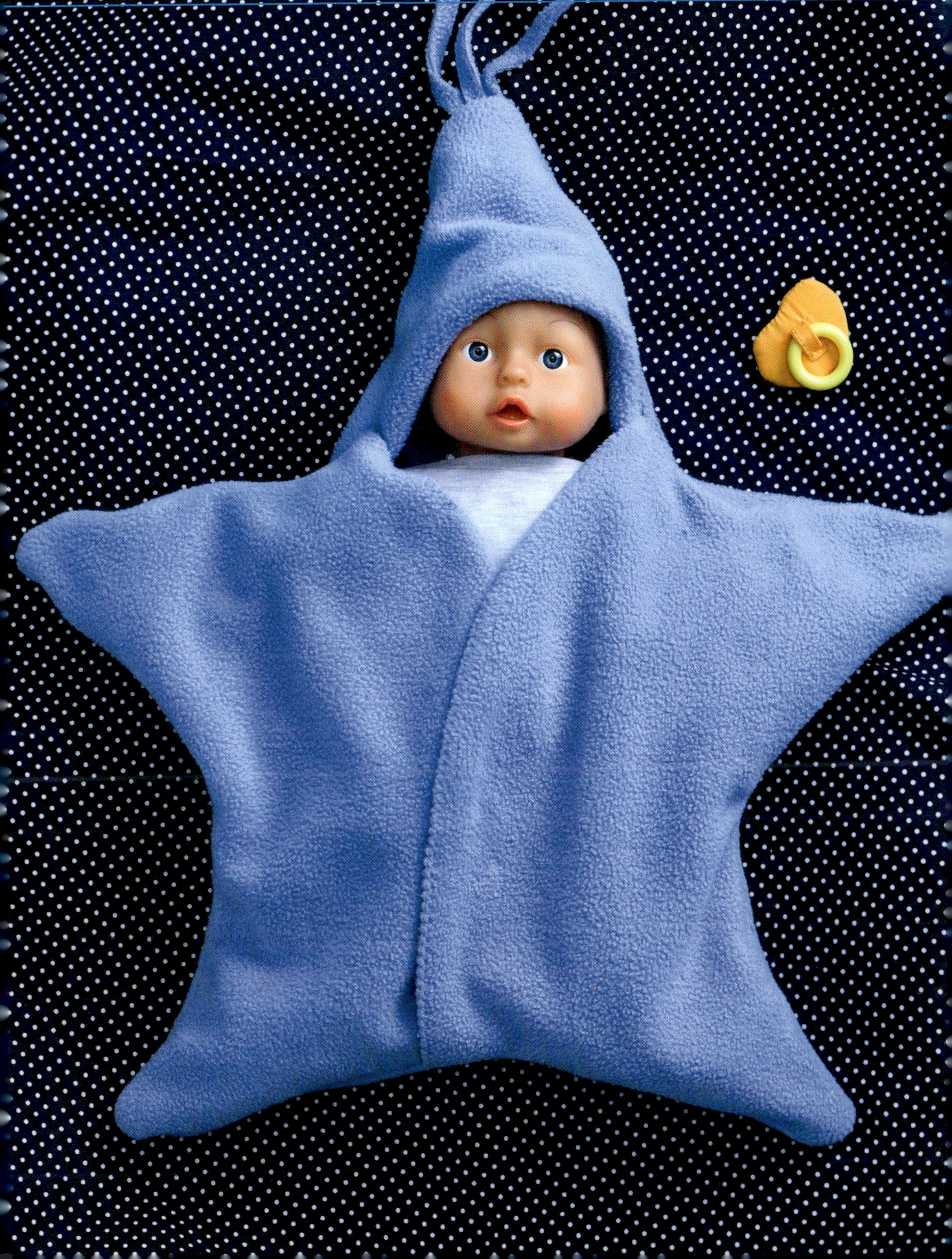

Handschuhe

nie wieder kalte Finger

GRÖSSE

XS/S/M

Die Angaben für Größe XS stehen vor dem Schrägstrich, die Angaben nach dem Schrägstrich gelten sowohl für Größe S als auch für Größe M.

Um die passende Größe zu ermitteln, die Hand der Puppe auf die verschiedenen Schnittteile legen.

MATERIAL

- Jersey, 8 cm x 20 cm/10 cm x 30 cm
- Bündchenstoff, 5 cm x 30 cm/8 cm x 25 cm
- Baumwollkordel, ø 3 mm, 70 cm/1 m lang
- farblich passendes Nähgarn

ZUSCHNITT

- Jersey
  2x das Handschuhteil im Stoffbruch
- Bündchenstoff
  2x das Bündchen
- Kordel
  Länge = 2x Armlänge + Rückenbreite + 5 cm

NAHTZUGABEN

- Alle Teile mit 0,5 cm Nahtzugabe zuschneiden.

SCHNITTMUSTERBOGEN B

1 Die Bündchen der Länge nach links auf links falten, sodass die Längskanten aufeinanderliegen. Anschließend die Bündchen jeweils leicht gedehnt rechts auf rechts an die unteren Kanten der Handschuhteile stecken und festnähen.

2 Die beiden Handschuhteile jeweils mittig rechts auf rechts falten. Die offenen Bündchenkanten, die Seiten und die oberen Rundungen mit einer durchgehenden Naht zusammennähen. Die Naht zum Stoffbruch hin im spitzen Winkel schmal auslaufen lassen, damit hier auch eine schöne Rundung entsteht.

3 Zuletzt die Kordelenden mit Handstichen an den Nahtzugaben der Bündchen befestigen.

Mein Tipp für Sie

Mach's mini Bei den Handschuhen in Größe XS eignet sich auch weicher Jersey für die Bündchen.

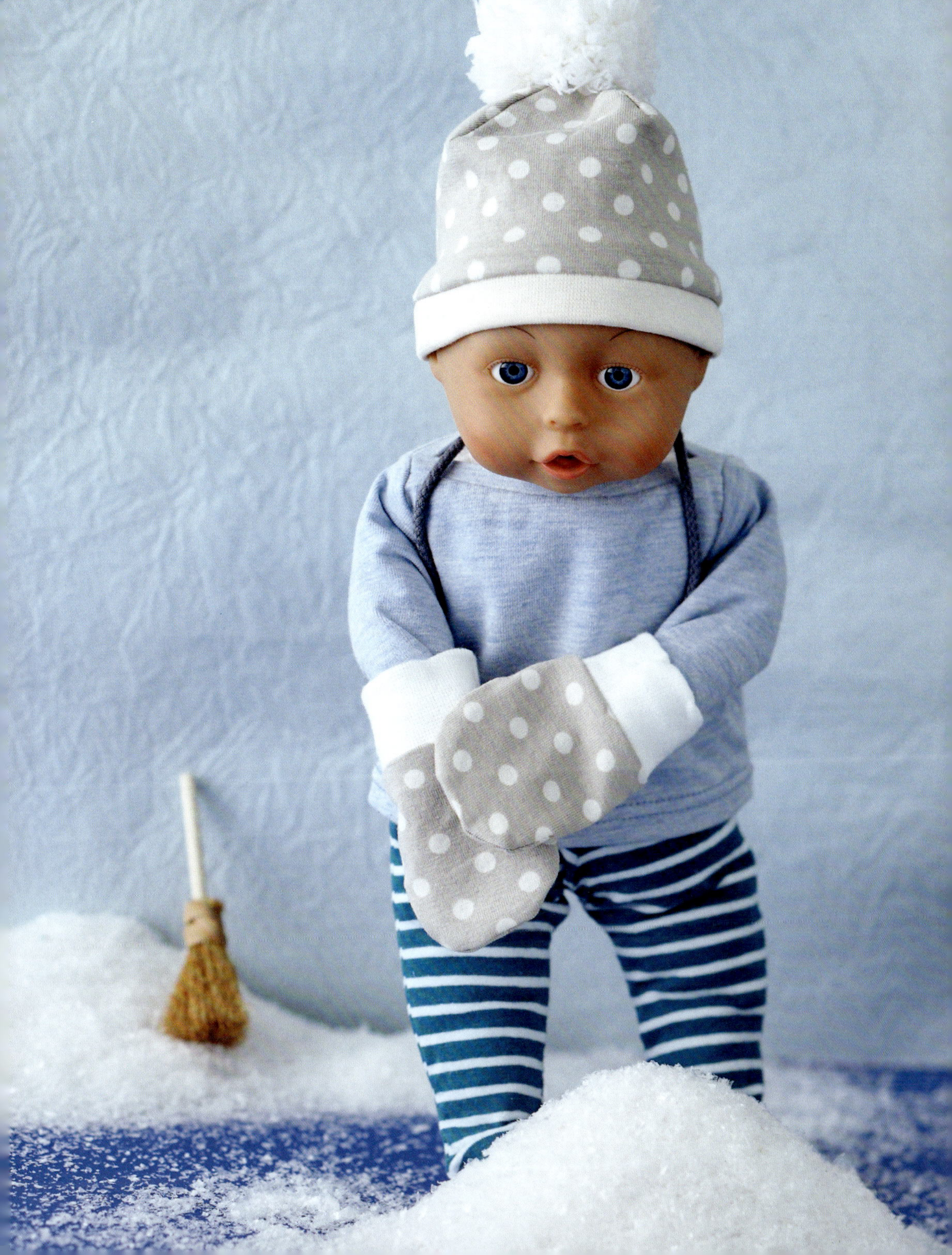

Kapuzenpulli mit Applikation

für Mini-Skater

GRÖSSE

XS/S + M

Die Angaben für Größe XS stehen vor dem Schrägstrich, die Angaben nach dem Schrägstrich gelten sowohl für Größe S als auch für Größe M.

MATERIAL

- Baumwollfleece, 20 cm x 100 cm/25 cm x 120 cm
- Jersey, 10 cm x 10 cm
- Vliesofix, 10 cm x 10 cm
- farblich passendes Nähgarn

ZUSCHNITT

- Baumwollfleece
  1x das Vorderteil im Stoffbruch
  1x das Rückenteil im Stoffbruch
  1x den Ärmel in doppelter Stofflage
  1x die Kapuze in doppelter Stofflage

NAHTZUGABEN

- Alle Teile mit 0,5-1 cm Nahtzugabe zuschneiden.
- Am Pullisaum und den Ärmelsäumen 1 cm und an den vorderen Kanten der Kapuze 1,5 cm zugeben.

SCHNITTMUSTERBOGEN B

1 Die Applikation vorbereiten (siehe „So wird's gemacht“) und mittig auf die rechte Seite des Vorderteils bügeln. Die Applikation mit kleinen geraden Stichen festnähen.

2 Vorder- und Rückenteil rechts auf rechts legen, sodass die Schulterkanten bündig aufeinanderliegen. Die Schulternähte schließen.

3 Die Kapuzenteile jeweils rechts auf rechts falten, sodass die Kanten der Abnäher bündig aufeinanderliegen. Die Abnäher von der unteren Kapuzenkante zur Abnäherspitze hin zusammennähen, die Naht dabei schmal auslaufen lassen, damit es keine unschönen Ecken gibt.

4 Die Kapuzenteile rechts auf rechts stecken und die hinteren Kanten zusammennähen. Anschließend die vorderen Kanten 1,5 cm breit nach links umbügeln und festnähen.

5 Die Kapuze rechts auf rechts in den Ausschnitt einpassen und feststecken, dabei überlappen sich die vorderen Kanten 1,5 cm breit. Die Kapuze festnähen.

6 Die Ärmel rechts auf rechts in die Armausschnitte stecken, sodass die Markierung am Ärmel jeweils auf die Schulternaht trifft. Die Ärmel festnähen. Jetzt den Pulli anprobieren und die Ärmel eventuell kürzen. Die Saumzugaben an den Ärmeln 1 cm breit nach links umbügeln und anschließend mit elastischen Stichen festnähen.

7 Die Ärmel sowie Vorder- und Rückenteil rechts auf rechts legen, sodass die Ärmel- und Seitenkanten aufeinanderliegen. Dann die Seiten- und Ärmelnähte mit einer durchgehenden Naht vom Ärmelsaum bis zum Pullisaum schließen.

8 Den Pullisaum 1 cm breit nach links umbügeln, anschließend mit elastischen Stichen festnähen.

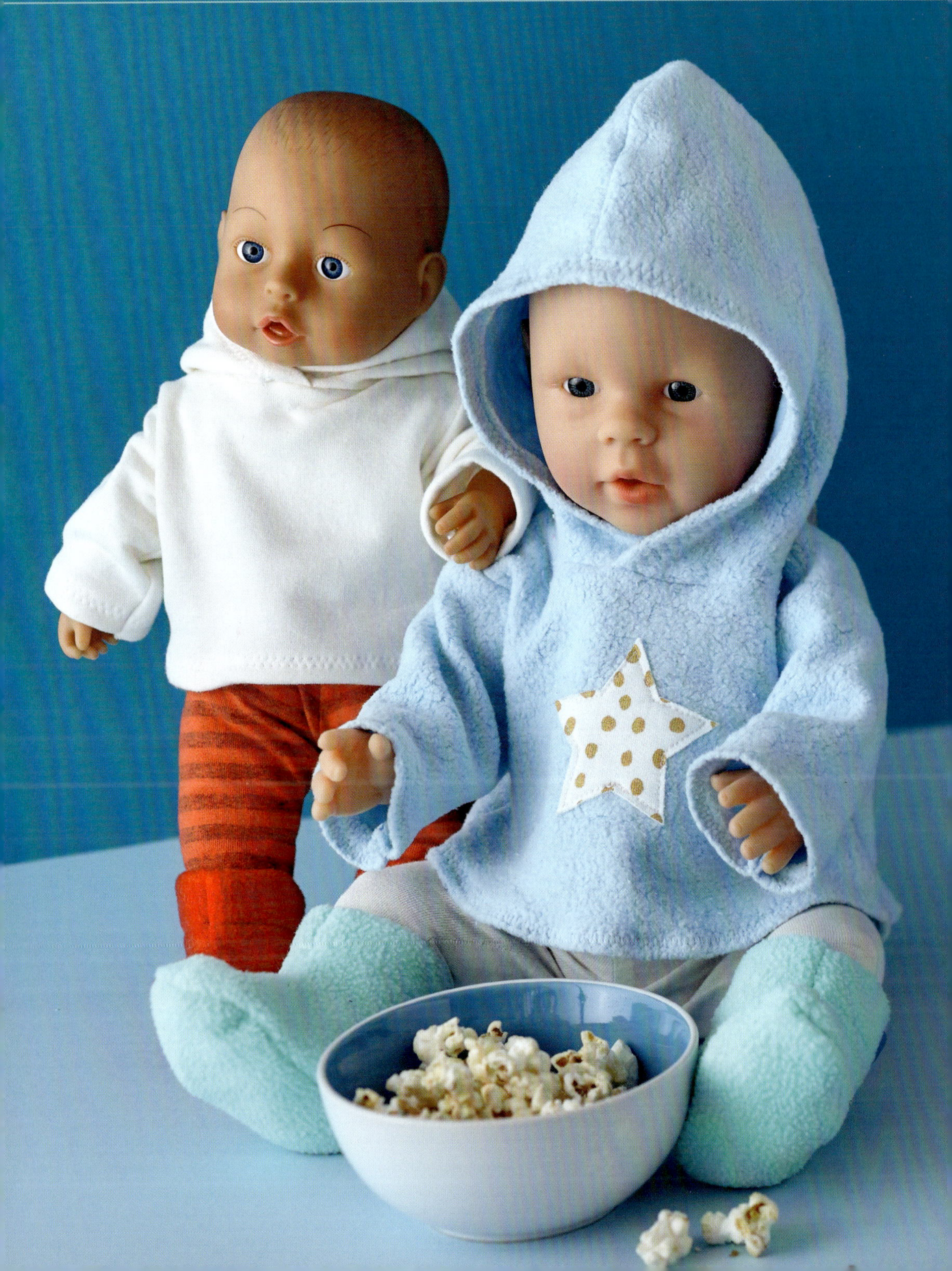

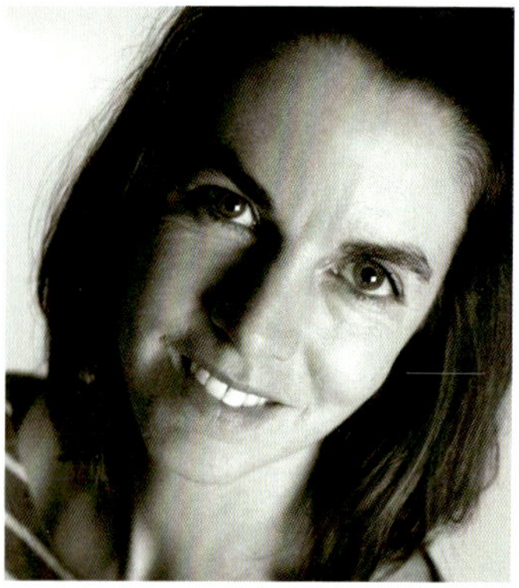

Ina Andresen ist in Hamburg geboren und hat bereits im Alter von fünf Jahren ihre erste Nähmaschine erhalten. Dieses Modell, das noch per Handrad angetrieben wurde, hatte ihr der Vater aus England mitgebracht. So nähte sie bereits in ganz jungen Jahren Kleider für ihre Puppen und Kuscheltiere. Nach dem Abitur hat sie schließlich Mode-Design studiert und außerdem das professionelle Nähen bei der Couture-Schneiderin Eva-Maria Zorn in Hamburg gelernt. Zu dieser Zeit hat sie die elektrische und die alte gusseiserne Nähmaschine der Großmutter bekommen, auf der sie heute noch näht und die ein wunderbares Stichbild hat. Heute lebt Ina Andresen mit ihrer Familie in Ottenhöfen im Schwarzwald.

DANKE!

Wir danken den folgenden Firmen für die Unterstützung bei diesem Buch: Union Knopf GmbH (Bielefeld), Prym Consumer Europe GmbH (Stolberg), Jako-o Möbel und Spielmittel für die junge Familie GmbH (Bad Rodach), Simba Toys GmbH & Co. KG (Fürth), Fritz Bayer GmbH & Co. KG (Michelau)

TOPP – Unsere Servicegarantie

WIR SIND FÜR SIE DA! Bei Fragen zu unserem umfangreichen Programm oder Anregungen freuen wir uns über Ihren Anruf oder Ihre Post. Loben Sie uns, aber scheuen Sie sich auch nicht, Ihre Kritik mitzuteilen – sie hilft uns, ständig besser zu werden.

Bei Fragen zu einzelnen Materialien oder Techniken wenden Sie sich bitte an unseren Kreativservice, Frau Erika Noll.
mail@kreativ-service.info
Telefon 07 11/ 12 37 57 20

Das Produktmanagement erreichen Sie unter:
pm@frechverlag.de
oder:
frechverlag
Produktmanagement
Turbinenstraße 7
70499 Stuttgart
Telefon 07 11 / 8 30 86 68

LERNEN SIE UNS BESSER KENNEN! Fragen Sie Ihren Hobbyfach- oder Buchhändler nach unserem kostenlosen Magazin **Meine kreative Welt**. Darin entdecken Sie dreimal im Jahr die neuesten Kreativtrends und interessantesten Buchneuheiten.

Oder besuchen Sie uns im Internet! Unter **www.topp-kreativ.de** können Sie sich über unser umfangreiches Buchprogramm informieren, unsere Autoren kennenlernen sowie aktuelle Highlights und neue Kreativtechniken entdecken, kurz – die ganze Welt der Kreativität.

Kreativ immer up to date sind Sie mit unserem monatlichen **Newsletter**. Für aktuelle Infos, Gratis-Anleitungen und Gewinnspiele gleich anmelden unter **www.TOPP-kreativ.de/Newsletter**

IMPRESSUM

FOTOS: frechverlag GmbH, 70839 Gerlingen; Ina Andresen (Schrittfotos); lichtpunkt, Michael Ruder, Stuttgart (alle übrigen)
PRODUKTMANAGEMENT: Lisa-Marie Weigel
LEKTORAT: Beate Schmitz, Stegen
GESTALTUNG: Petra Theilfarth
DRUCK: POLYGRAF PRINT spol. s r.o.

MIX
Papier | Fördert gute Waldnutzung
FSC® C023577
FSC
www.fsc.org

Penguin Random House Verlagsgruppe
FSC® N001967

7. Auflage 2025

ISBN 978-3-7724-8168-0 • Best.-Nr. 8168